Dr. Oetker Römertopf®

Dr. Oetker

Römertopf®

Vorwort

So einfach und stressfrei kann Kochen sein: Die vorbereiteten Zutaten in den gewässerten RÖMERTOPF® geben, den Deckel schließen und ab in den Backofen. Während das Gericht seiner Vollendung entgegengart, haben Sie Zeit für andere Dinge. Zum Beispiel sich auf die Ankunft Ihrer Gäste vorzubereiten.

Durch das schonende Garen mit wenig Fett im geschlossenen Topf bleiben das Aroma der Zutaten und ihre Vitamine, Mineral- und Vitalstoffe erhalten.

Nicht umsonst ist die Idee des Garens im Tontopf bereits über 2000 Jahre alt. In diesem Buch finden Sie neue kreative Rezepte für das Garen im RÖMERTOPF®. Wir haben Rezepte für Suppen und Eintöpfe, Gemüse, Fleisch, Geflügel, Fisch, Aufläufe und Süßspeisen zusammengestellt.

So können Sie Genuss, Gesundheit und eine mühelose Zubereitung problemlos kombinieren.

Alle Rezepte sind von Dr. Oetker wie immer nachgekocht und so beschrieben, dass sie Ihnen gelingen.

Abkürzungen

EL = Esslöffel
TL = Teelöffel
Msp. = Messerspitze
Pck. = Packung/Päckchen
g = Gramm
kg = Kilogramm
ml = Milliliter
l = Liter
Min. = Minuten
Std. = Stunden
evtl. = eventuell
geh. = gehäuft
gestr. = gestrichen
TK = Tiefkühlprodukt
°C = Grad Celsius
Ø = Durchmesser
E = Eiweiß
F = Fett
Kh = Kohlenhydrate
kcal = Kilokalorien
kJ = Kilojoule

Hinweise zu den Rezepte

Die Rezepte sind – wenn nicht anders angegeben – für 4 Personen berechnet. Lesen Sie bitte vor der Zubereitung das Rezept einmal vollständig durch. Oft werden Arbeitsabläufe oder -zusammenhänge dann klarer. Die in den Rezepten angegebenen Gartemperaturen und -zeiten sind Richtwerte, die je nach individueller Hitzeleistung des Backofens über- oder unterschritten werden können. Bitte beachten Sie deshalb bei der Einstellung des Backofen die Gebrauchsanweisung des Herstellers.

Zubereitungszeiten

Die Zubereitungszeit beinhaltet nur die Zeit für die eigentliche Zubereitung, Gar- und Backzeiten sind gesondert ausgewiesen. Längere Wartezeiten, z. B. Kühl- und Auftauzeiten, sind nicht einbezogen.

Swing
Dessert
RÖMERTOPF

Kürbis-Möhren-Suppe mit Chili und Koriander
(Römertopf 4-Liter-Inhalt)

300 g rotfleischiger Kürbis
(z. B. Muskatkürbis)
200 g Möhren
100 g rote Zwiebeln
2 kleine rote Chilischoten
2 Knoblauchzehen
Salz
1,5 l Geflügelbrühe

1 Bund Koriander
100 ml Sonnenblumenkernöl

Zubereitungszeit: 35 Minuten
Garzeit: etwa 60 Minuten

Pro Portion:
E: 3 g, F: 25 g, Kh: 7 g,
kJ: 1110, kcal: 265

1 Kürbis schälen und halbieren. Die Kerne mit einem Löffel herauskratzen. Kürbisfleisch in große Würfel schneiden. Möhren putzen, schälen, waschen, abtropfen lassen und ebenfalls in Würfel schneiden. Zwiebeln abziehen und fein würfeln. Chilischoten abspülen, abtrocknen, halbieren, entkernen und in feine Ringe schneiden. Knoblauch abziehen und durch eine Knoblauchpresse drücken.

2 Kürbis-, Möhren-, Zwiebelwürfel, Chiliringe und Knoblauch in einen gewässerten Römertopf geben und gut vermengen. Mit Salz würzen. Brühe hinzugießen. Den Römertopf mit dem Deckel verschließen und auf dem Rost in den kalten Backofen schieben.

Ober-/Unterhitze: etwa 200 °C
Heißluft: etwa 180 °C
Gas: Stufe 3–4
Garzeit: etwa 60 Minuten.

3 Die Suppe pürieren. Koriander abspülen und trockentupfen. Die Blättchen von den Stängeln zupfen. Blättchen klein schneiden und in einen hohen Becher geben. Die Hälfte des Sonnenblumenöls und eine Prise Salz hinzufügen. Die Zutaten in dem Römertopf mit einem Pürierstab fein pürieren. Restliches Sonnenblumenöl hinzugeben und nochmals pürieren.

4 Die Suppe mit Salz abschmecken und in 4 Teller verteilen. Jeweils mit einem Klecks Korianderöl garnieren und sofort servieren.

Tipp: *Anstelle des Korianderöls können Sie auch fertiges Kürbiskernöl verwenden. Wer keinen Koriander mag, kann auch auf Minze ausweichen. Wenn Sie die Suppe etwas sämiger mögen, dann garen Sie 300 g Kartoffelwürfel mit.*

Selleriesuppe mit Birnen und Gorgonzola
(Römertopf 2,5-Liter-Inhalt)

1 Knollensellerie (400–450 g)
1 große mehlig kochende Kartoffel
100 g Zwiebeln
2 reife Birnen, z. B. Williams oder Abate
Salz
750 ml (3/4 l) Geflügelbrühe
125 ml (1/8 l) Schlagsahne
Saft von 1 Zitrone
frisch gemahlener Pfeffer

125 g Gorgonzola-Käse
4 EL Preiselbeerkompott aus dem Glas

Zubereitungszeit: 25 Minuten
Garzeit: etwa 55 Minuten

Pro Portion:
E: 10 g, F: 20 g, Kh: 26 g,
kJ: 1370, kcal: 327

Beilage: *Graubrot oder dunkles Nussbrot.*

1 Sellerie putzen, schälen, waschen, abtropfen lassen und in etwa 1 cm große Würfel schneiden. Kartoffel waschen, schälen, abspülen, abtropfen lassen und ebenfalls in kleine Würfel schneiden. Zwiebeln abziehen und fein würfeln. Eine Birne waschen, trockentupfen, vierteln, Kerngehäuse herausschneiden. Birnenviertel mit der Schale in Würfel schneiden.

2 Sellerie-, Kartoffel-, Zwiebel- und Birnenwürfel in einen gewässerten Römertopf geben. Mit Salz würzen. Brühe hinzugießen. Den Römertopf mit dem Deckel verschließen und auf dem Rost in den kalten Backofen schieben.

Ober-/Unterhitze: etwa 200 °C
Heißluft: etwa 180 °C
Gas: Stufe 3–4
Garzeit: etwa 55 Minuten.

3 Nach etwa 45 Minuten Garzeit den Römertopf aus dem Ofen nehmen. Suppe in dem Römertopf mit einem Schneidstab pürieren. Sahne unterrühren. Restliche Birne waschen, halbieren, Kerngehäuse entfernen. Birne mit der Schale in Würfel schneiden. Mit Zitronensaft beträufeln und hinzugeben. Den Römertopf nochmals auf dem Rost in den Backofen schieben und die Suppe weitere etwa 10 Minuten garen.

4 Die Suppe mit Salz und Pfeffer abschmecken. Birnenwürfel unterheben. Die Suppe auf 4 vorgewärmte Teller verteilen. Gorgonzola evtl. entrinden, zerbröseln und darauf verteilen. Die Suppe jeweils mit einem Esslöffel Preiselbeerkompott garnieren.

Tipp: *Durch die Süße der Birnen bekommt die Suppe eine liebliche Note.*

Kartoffel-Frühlingszwiebel-Suppe mit Speck und Majoran

(Römertopf 4-Liter-Inhalt)

1 Bund Frühlingszwiebeln
1 kg mehlig kochende Kartoffeln
Salz
frisch gemahlener Pfeffer
1,2 l kräftige Rindfleischbrühe
1 Pck. (100 g) Bacon (Frühstückspeck)
½ Bund Majoran

Zubereitungszeit: 20 Minuten
Garzeit: etwa 70 Minuten

Pro Portion:
E: 10 g, F: 3 g, Kh: 35 g,
kJ: 859, kcal: 205

1 Frühlingszwiebeln putzen, waschen, abtropfen lassen und das Helle in kleine Ringe schneiden. Das Grün beiseite legen. Kartoffeln waschen, schälen, abspülen, abtropfen lassen und auf einer Haushaltsreibe grob raspeln.

2 Helle Zwiebelringe und Kartoffelraspel vermengen und in einen gewässerten Römertopf geben. Mit Salz und Pfeffer würzen. Brühe hinzugießen.

3 Den Römertopf mit dem Deckel verschließen und auf dem Rost in den kalten Backofen schieben.

Ober-/Unterhitze: etwa 200 °C
Heißluft: etwa 180 °C
Gas: Stufe 3–4
Garzeit: etwa 70 Minuten.

4 Das beiseite gelegte Frühlingszwiebelgrün in sehr feine Ringe schneiden. Bacon in Streifen schneiden und in einer Pfanne kross ausbraten. Baconscheiben auf Haushaltspapier abtropfen lassen.

5 Majoran waschen und trockentupfen. Die Blättchen von den Stängeln zupfen. Blättchen evtl. klein schneiden.

6 Die Kartoffel-Frühlingszwiebel-Suppe in einen großen hohen Becher füllen und mit einem Pürierstab pürieren, mit Salz und Pfeffer abschmecken und in 4 vorgewärmte tiefe Teller geben. Baconstreifen darauf verteilen, mit Zwiebelgrünringen und Majoran bestreut servieren.

Tipp: *Sie können die Baconscheiben auch im Römertopf mitgaren lassen.*

Kohlrabi-Apfel-Süppchen
(Römertopf 4-Liter-Inhalt)

3 Kohlrabi (etwa 600 g)
2 Äpfel (etwa 300 g, z. B. Elstar)
3 Schalotten
1 l Geflügelbrühe
2 TL geriebener Meerrettich aus dem Glas
300 ml Schlagsahne
Saft von 1 Zitrone
Salz
frisch gemahlener Pfeffer
½ Bund Zitronenmelisse
8 Scheiben Räucherlachs

Zubereitungszeit: 90 Minuten
Garzeit: etwa 75 Minuten

Pro Portion:
E: 13 g, F: 29 g, Kh: 17 g, kJ: 1609, kcal: 385

1 Kohlrabi schälen, waschen, abtropfen lassen, zuerst in dicke Scheiben, dann in große Würfel schneiden. Einen Apfel schälen, vierteln, Kerngehäuse herausschneiden. Apfelviertel ebenfalls in große Würfel schneiden. Schalotten abziehen und in feine Streifen schneiden.

2 Kohlrabi-, Apfelwürfel und Schalottenstreifen in einen gewässerten Römertopf geben. Brühe hinzugießen.

3 Den Römertopf mit dem Deckel verschließen und auf dem Rost in den kalten Backofen schieben.

Ober-/Unterhitze: etwa 200 °C
Heißluft: etwa 180 °C
Gas: Stufe 3–4
Garzeit: etwa 75 Minuten.

4 Nach etwa 60 Minuten Garzeit Meerrettich und Sahne unter die Suppe rühren und mit Deckel weitere etwa 15 Minuten garen.

5 Restlichen Apfel waschen, abtrocknen und ungeschält in gleichmäßig große Spalten schneiden. Apfelspalten mit Zitronensaft beträufeln und in einem kleinen Topf kurz dünsten. (Nicht zerfallen lassen.)

6 Die gare Suppe in dem Römertopf fein pürieren und durch ein Haarsieb passieren. Mit Salz, Pfeffer und evtl. etwas Zitronensaft abschmecken.

7 Melisse abspülen, trockentupfen und die Blättchen von den Stängeln zupfen. Die Suppe mit Lachs, Apfelspalten und Melisseblättchen garniert servieren.

Tipp: *Anstelle des geräucherten Lachses können Sie die Suppe auch mit Büsumer Krabben oder gebeiztem Lachs garnieren.*

Römertopf

Bohneneintopf mit Knoblauchwurst

(Römertopf 4-Liter-Inhalt)

Zum Vorbereiten:
250 g getrocknete weiße Bohnen

150 g Zwiebeln
1 rote Chilischote
600 g Knoblauchwurst
1 gelbe Paprikaschote
Salz
frisch gemahlener Pfeffer
750 ml (¾ l) Rindfleischbrühe
1 Bund Bohnenkraut
4 mittelgroße Tomaten (etwa 200 g)
4 EL Olivenöl

Zubereitungszeit: 25 Minuten, ohne Einweichzeit
Garzeit: etwa 60 Minuten

Pro Portion:
E: 39 g, F: 56 g, Kh: 36 g, kJ: 3331, kcal: 796

1 Zum Vorbereiten Bohnen in ein Sieb geben und mit kaltem Wasser abspülen. Anschließend in eine große Schüssel geben, mit reichlich kaltem Wasser übergießen und die Bohnen über Nacht darin einweichen lassen. Bohnen in einem Sieb abtropfen lassen.

2 Zwiebeln abziehen und in Spalten schneiden. Chilischote abspülen, trockentupfen, halbieren, entkernen und fein hacken. Wurst in 1 cm dicke Scheiben schneiden. Paprika halbieren, entstielen, entkernen, die weißen Scheidewände entfernen. Die Schote waschen, trockentupfen und in kleine Stücke (in Größe der Bohnen) schneiden.

3 Bohnen, Zwiebelspalten, Chilistückchen, Wurstscheiben und Paprikastückchen in einen gewässerten Römertopf geben und gut vermischen. Mit Salz und Pfeffer würzen. Brühe hinzugießen und nochmals gut vermischen. Bohnenkraut unter fließendem kalten Wasser abspülen, trockentupfen und die Hälfte davon hinzufügen. Den Römertopf mit dem Deckel verschließen und auf dem Rost in den kalten Backofen schieben.

Ober-/Unterhitze: etwa 200 °C
Heißluft: etwa 180 °C
Gas: Stufe 3–4
Garzeit: etwa 60 Minuten.

4 Die Spitzen des restlichen Bohnenkrautes von den Stängeln zupfen und klein schneiden. Tomaten waschen, abtrocknen, vierteln, entkernen und in feine Streifen schneiden. Nach etwa 50 Minuten Garzeit den Römertopf öffnen, Tomatenstreifen unterrühren und den Eintopf mit Deckel fertig garen. Den Eintopf nochmals mit Salz und Pfeffer abschmecken, mit Olivenöl beträufeln und mit Bohnenkraut bestreut servieren.

Kartoffelgulasch mit Paprika und Zwiebeln
(Römertopf 2,5-Liter-Inhalt)

1 kg fest kochende Kartoffeln (z. B. Bio Linda)
200 g rote Zwiebeln
je 1 rote und gelbe Paprikaschote
6 mittelgroße Tomaten
1 rote Chilischote
500 ml (½ l) Gemüsebrühe
Salz
frisch gemahlener Pfeffer

Für die Paste:
1 TL Kümmelsamen
2 Knoblauchzehen
1 Bio-Zitrone (unbehandelt, ungewachst)
1 Bund glatte Petersilie oder
1 Bund Majoran
2 EL Butter

Zubereitungszeit: 40 Minuten
Garzeit: etwa 80 Minuten

Pro Portion:
E: 7 g, F: 5 g, Kh: 51 g,
kJ: 1056, kcal: 252

Tipp: *Im Sommer schmeckt das Kartoffelgulasch auch lauwarm mit Pesto sehr gut.*

1 Kartoffeln waschen, schälen, abspülen, abtropfen lassen und in Viertel schneiden. Zwiebeln abziehen und in kleine Würfel schneiden. Paprika halbieren, entstielen, entkernen, die weißen Scheidewände entfernen. Die Schoten waschen, trockentupfen und in Stücke schneiden.

2 Tomaten waschen, abtrocknen und die Stängelansätze herausschneiden. Tomaten in Würfel schneiden. Chilischote abspülen, trockentupfen, halbieren, entkernen und sehr klein schneiden.

3 Kartoffelviertel, Zwiebelwürfel, Paprikastücke, Tomatenwürfel und Chilistückchen in einen gewässerten Römertopf geben. Gemüsebrühe hinzugießen. Mit Salz und Pfeffer würzen. Den Römertopf mit dem Deckel verschließen und auf dem Rost in den kalten Backofen schieben.

Ober-/Unterhitze: etwa 180 °C
Heißluft: etwa 160 °C
Gas: Stufe 2–3
Garzeit: etwa 80 Minuten.

4 Für die Paste Kümmelsamen fein hacken oder mit der Breitseite einer Messerklinge zerdrücken. Knoblauchzehen abziehen und durch eine Knoblauchpresse drücken. Zitrone gründlich waschen und abtrocknen. Zitrone mit einem Sparschäler oder Zestenreißer dünn schälen. Zitronenschale fein hacken. Petersilie oder Majoran abspülen, trockentupfen. Blättchen von den Stängeln zupfen. Blättchen fein hacken. Butter mit den vorbereiteten Zutaten zu einer Paste vermengen und kalt stellen.

5 Kartoffelgulasch nach etwa 70 Minuten Garzeit mit der Paste abschmecken und weitere etwa 10 Minuten garen.

Vegetarisches Chili

(Römertopf 4-Liter-Inhalt)

Je 2 rote und gelbe Paprikaschoten
150 g Zwiebeln
3 Knoblauchzehen
1 Dose Kidneybohnen
(Abtropfgewicht 225 g)
1 Dose Gemüsemais
(Abtropfgewicht 225 g)
150 g Staudensellerie
1 Flasche (200 ml) Chilisauce
200 ml Tomatenketchup
Salz
1 Msp. gemahlener Kreuzkümmel (Cumin)
1 Msp. gemahlener Zimt
250 g reife Tomaten
1 Bio-Orange (unbehandelt, ungewachst)
½ TL Chilipulver
1 Bund Koriander

Zubereitungszeit: 50 Minuten
Garzeit: etwa 60 Minuten

Pro Portion:
E: 13 g, F: 3 g, Kh: 53 g,
kJ: 1272, kcal: 304

Tipp: *Mit Crème fraîche und geriebenem Cheddar-Käse schmeckt das Chili besonders lecker.*

1 Paprika halbieren, entstielen, entkernen, die weißen Scheidewände entfernen. Die Schoten waschen, trockentupfen und in etwa 2 x 2 cm große Würfel schneiden. Zwiebeln und Knoblauch abziehen. Zwiebeln in Spalten schneiden. Knoblauch durch eine Knoblauchpresse drücken. Bohnen und Mais jeweils in einem Sieb abtropfen lassen. Sellerie putzen und die harten Außenfäden abziehen, Sellerie waschen, abtropfen lassen und in Würfel schneiden.

2 Paprikawürfel, Zwiebelspalten, Knoblauch, Bohnen, Mais und Selleriewürfel in einen gewässerten Römertopf geben. Die Zutaten gut vermengen. Chilisauce und Tomatenketchup unterrühren. Mit Salz, Kreuzkümmel und Zimt würzen. Den Römertopf mit dem Deckel verschließen und auf dem Rost in den kalten Backofen schieben.

Ober-/Unterhitze: etwa 200 °C
Heißluft: etwa 180 °C
Gas: Stufe 3–4
Garzeit: etwa 60 Minuten.

3 Tomaten waschen, trockentupfen, vierteln, entkernen und die Stängelansätze herausschneiden. Tomaten in Spalten schneiden. Orange heiß waschen, abtrocknen und die Schale abreiben. Orange halbieren und den Saft auspressen. Nach etwa 50 Minuten Garzeit die Tomatenspalten unter das Chili heben und mit Deckel weitere 10 Minuten garen.

4 Orangensaft und -schale unterrühren. Mit Chili und Salz abschmecken.

5 Koriander abspülen und trockentupfen. Die Blättchen von den Stängeln zupfen. Chili mit Korianderblättchen bestreut servieren.

Porree in Rotwein mit Trauben und Nüssen

(Römertopf 2,5-Liter-Inhalt)

750 g Porree (Lauch)
2 Knoblauchzehen
1 Bund Thymian
½ Flasche (375 ml) samtiger Rotwein, z. B. Rioja
Salz
Zucker
150 g blaue Weintrauben
75 g Walnusskerne
frisch gemahlener Pfeffer
75 g kalte Butter
1 EL flüssiger Honig

Außerdem:
Küchengarn

Zubereitungszeit: 35 Minuten
Garzeit: etwa 60 Minuten

Pro Portion:
E: 6 g, F: 28 g, Kh: 16 g, kJ: 1631, kcal: 390

1 Porree putzen, die Stangen längs halbieren. Porree gründlich waschen, abtropfen lassen und in etwa 1 cm breite Streifen schneiden. Knoblauchzehen abziehen und halbieren. Thymian abspülen, trockentupfen und mit Küchengarn zusammenbinden.

2 Porreestreifen, Knoblauch und Thymiansträußchen in einen gewässerten Römertopf geben. Rotwein hinzugießen. Mit Salz und Zucker würzen.

3 Den Römertopf mit dem Deckel verschließen und auf dem Rost in den kalten Backofen schieben.

Ober-/Unterhitze: etwa 180 °C
Heißluft: etwa 160 °C
Gas: Stufe 2–3
Garzeit: etwa 60 Minuten.

4 Nach etwa 60 Minuten Garzeit prüfen, ob der Porree weich ist, (durch den Rotwein dauert dies erstaunlich lange), evtl. noch weitere 15 Minuten bei gleicher Temperatureinstellung garen. Thymiansträußchen entfernen.

5 Weintrauben waschen, abtropfen lassen, halbieren und entkernen. Walnusshälften in einer Pfanne ohne Fett unter mehrmaligem Wenden hellbraun rösten.

6 Butter in Würfel schneiden und mit einem Holzlöffel unter den garen Porree ziehen. Mit Salz, Pfeffer und Honig abschmecken. Weintrauben- und Walnusshälften unterheben, sofort servieren.

Tipp: *Schmeckt sehr gut zu Wild, Wildgeflügel oder dunklem Fleisch, z. B. Rinderbraten. Die Butter ist wichtig, sonst schmeckt der Porree sehr stark nach Rotwein.*

Gemüselinsen mit Orange
(Römertopf 2,5-Liter-Inhalt)

250 g braune Tellerlinsen
1 Möhre (etwa 100 g)
1 Stück Knollensellerie (etwa 100 g)
1 Zwiebel (etwa 100 g)

4 kleine Bio-Saftorangen (unbehandelt, ungewachst)
Salz
frisch gemahlener Pfeffer
400 ml Gemüsebrühe
1 Topf Basilikum
1 Orange
100 g weiche Butter

Zubereitungszeit: 25 Minuten
Garzeit: etwa 70 Minuten

Pro Portion:
E: 18 g, F: 22 g, Kh: 55 g,
kJ: 2125, kcal: 508

1 Linsen in ein Sieb geben, mit kaltem Wasser abspülen und abtropfen lassen. Möhre und Sellerie putzen, schälen, waschen, abtropfen lassen und in sehr kleine Würfel (Linsengröße) schneiden. Zwiebel abziehen und ebenfalls in sehr kleine Würfel schneiden.

2 Orangen heiß abwaschen, abtrocknen, Schale abreiben und beiseite stellen. Orangen halbieren, den Saft auspressen und mindestens 400 ml davon abmessen.

3 Linsen, Möhren-, Sellerie- und Zwiebelwürfel mischen, mit Salz und Pfeffer würzen. Die Zutaten in einen gewässerten Römertopf geben. Orangensaft und Brühe hinzugießen. Den Römertopf mit dem Deckel verschließen und auf dem Rost in den kalten Backofen schieben.

Ober-/Unterhitze: etwa 200 °C
Heißluft: etwa 180 °C
Gas: Stufe 3–4
Garzeit: etwa 70 Minuten.

4 Basilikum abspülen und trockentupfen. Die Blättchen von den Stängeln zupfen. Blättchen in feine Streifen schneiden (einige Blättchen zum Garnieren beiseite legen). Die Orange so schälen, dass auch die weiße Haut entfernt wird. Fruchtfilets zwischen den Trennhäuten herausschneiden.

5 Butter zu den garen Gemüselinsen geben und unterrühren. Mit Salz und Pfeffer abschmecken. Abgeriebene Orangenschale, Orangenfilets und Basilikumstreifen unterrühren. Gemüselinsen mit den beiseite gelegten Basilikumblättchen garniert servieren.

Tipp: *Gemüselinsen zu Fisch und Geflügel reichen.*

Schmorgurken mit Hirse, Schmand und Rosinen
(Römertopf 4-Liter-Inhalt)

160 g Goldhirse (Reformhaus)
Salzwasser
2 Schmorgurken (je etwa 600 g)
2 kleine Zwiebeln
2 Knoblauchzehen
1 Bund Minze
1 Becher (200 g) Schmand oder Crème fraîche
40 g abgezogene, gehobelte Mandeln
40 g Rosinen
1 gestr. TL Paprikapulver rosenscharf
Salz

4 EL Butter für die Form

frisch gemahlener Pfeffer
400 ml Gemüsebrühe

2 EL heller Saucenbinder

Zubereitungszeit: 40 Minuten
Garzeit: etwa 60 Minuten

Pro Portion:
E: 10 g, F: 26 g, Kh: 45 g, kJ: 1912, kcal: 457

1 Hirse unter fließendem kalten Wasser abspülen, in kochendem Salzwasser etwa 5 Minuten garen. Hirse in einem Sieb abtropfen lassen. Gurken waschen, abtrocknen, Enden abschneiden. Gurken quer in 4 gleich große Stücke schneiden. Kerngehäuse mit einem Löffel ausstechen, dabei aber einen Boden stehen lassen.

2 Zwiebeln und Knoblauch abziehen. Zwiebeln in kleine Würfel schneiden. Knoblauch durch eine Knoblauchpresse drücken. Minze abspülen und trockentupfen. Die Blättchen von den Stängeln zupfen. Ein Drittel der Blättchen in feine Streifen schneiden. Schmand oder Crème fraîche, Hirse, die Hälfte der Zwiebelwürfel, Knoblauch, Mandeln, Rosinen, Minzestreifen und Paprikapulver in eine Schüssel geben. Die Zutaten gut vermengen. Mit Salz würzen.

3 Einen gewässerten Römertopf mit Butter einfetten. Restliche Zwiebelwürfel darin verteilen. Vorbereitete Gurkenstücke mit Salz und Pfeffer bestreuen, aufrecht nebeneinander in den Römertopf setzen. Die Gurkenstücke mit der Hirse-Schmand-Masse füllen. Brühe hinzugießen. Den Römertopf mit dem Deckel verschließen und auf dem Rost in den kalten Backofen schieben.

Ober-/Unterhitze: etwa 200 °C
Heißluft: etwa 180 °C
Gas: Stufe 3–4
Garzeit: etwa 60 Minuten.

4 Schmorgurken auf einer Platte anrichten. Fond durch ein feines Sieb streichen, in einem kleinen Topf zum Kochen bringen. Saucenbinder einrühren, unter Rühren aufkochen lassen. Mit Salz und Pfeffer abschmecken. Zwei Drittel der restlichen Minzeblättchen unterrühren. Die Schmorgurken mit den restlichen Minzeblättchen garniert servieren.

Paprikagemüse in Orangensauce
(Römertopf 4-Liter-Inhalt)

Je 1 große gelbe, rote und grüne Paprikaschote (je 250 g)
1 Gemüsezwiebel
2 Knoblauchzehen
2 Orangen
150 ml Orangensaft
150 ml Portwein
2 EL flüssiger Honig
1 Döschen (0,2 g) Safran
gerebelter Thymian
Salz
frisch gemahlener Pfeffer

1 Bund Petersilie

1 Thymianzweig

Zubereitungszeit: 25 Minuten
Garzeit: etwa 70 Minuten

Pro Portion:
E: 4 g, F: 1 g, Kh: 31 g,
kJ: 822, kcal: 196

1 Paprika halbieren, entstielen, entkernen, die weißen Scheidewände entfernen. Schoten waschen, abtropfen lassen und in etwa 2 x 2 cm große Stücke schneiden. Zwiebel und Knoblauch abziehen, in kleine Würfel schneiden.

2 Orangen mit einem Messer so schälen, dass auch die weiße Haut mit entfernt wird. Orangen filetieren, und beiseite stellen.

3 Paprikastücke, Zwiebel- und Knoblauchwürfel in einen gewässerten Römertopf geben. Orangensaft, Portwein und Honig hinzufügen. Mit Safran, Thymian, Salz und Pfeffer würzen.

4 Den Römertopf mit dem Deckel verschließen und auf dem Rost in den kalten Backofen schieben.

Ober-/Unterhitze: etwa 180 °C
Heißluft: etwa 160 °C
Gas: Stufe 2–3
Garzeit: etwa 70 Minuten.

5 Petersilie abspülen und trockentupfen. Die Blättchen von den Stängeln zupfen. Blättchen fein hacken. Thymianzweig abspülen und trockentupfen.

6 Beiseite gestellte Orangenfilets und Petersilie unter das Paprikagemüse heben und mit dem Thymianzweig garniert servieren.

Beilage: *Basmatireis.*

Tipp: *Als nicht-vegetarische Variante das Paprikagemüse zu gebratener Entenbrust reichen.*

Kartoffeln auf spanische Art
(Römertopf 4-Liter-Inhalt)

1,5 kg mittelgroße Kartoffeln
(z. B. Bio-Linda)
200 g grobes Meersalz

Für die Sauce „Mojo Picante":
4 Knoblauchzehen
1 TL Salz
½ TL Kümmelsamen
½ TL rotes Chilipulver
2 EL Semmelbrösel
200 ml Olivenöl
evtl. Wasser
1 EL Weinessig
1 Bund Koriander

Zubereitungszeit: 30 Minuten
Garzeit: etwa 80 Minuten

Pro Portion:
E: 8 g, F: 50 g, Kh: 59 g,
kJ: 3033, kcal: 724

1 Die Kartoffeln unter fließendem kalten Wasser gründlich waschen, evtl. abbürsten und tropfnass mit dem Salz in einem gewässerten Römertopf vermengen. Die Kartoffeln müssen noch feucht sein, damit das Salz an ihnen haftet.

2 Den Römertopf mit dem Deckel verschließen und auf dem Rost in den kalten Backofen schieben.

Ober-/Unterhitze: etwa 200 °C
Heißluft: etwa 180 °C
Gas: Stufe 3–4
Garzeit: etwa 80 Minuten.

3 Für die Sauce Knoblauch abziehen, durch eine Knoblauchpresse drücken, mit Salz mischen und in einen Mörser geben. Kümmel hinzufügen und zu einer Paste verreiben. Chilipulver und Semmelbrösel unterarbeiten. Die Masse mit dem Olivenöl gut verrühren. Evtl. mit Wasser auf gewünschte Konsistenz verdünnen. Mit Salz und Essig abschmecken.

4 Koriander abspülen und trockentupfen. Die Blättchen von den Stängeln zupfen. Blättchen fein hacken. Koriander unter die Sauce rühren.

5 Die Kartoffeln nach etwa 80 Minuten Garzeit prüfen, ob sie weich sind. Kartoffeln mit der Sauce „Mojo Picante" servieren. Die salzige Schale wird mitgegessen, evtl. das Salz vorher etwas abreiben.

Tipp: *Anstelle von „Mojo Picante" schmeckt z. B. auch Pesto oder Kräuterquark.*

Asiatisches Paprika-Lauch-Gemüse
(Römertopf 4-Liter-Inhalt)

2 große rote Paprikaschoten (je 250 g)
1 Stange Porree (Lauch)
2 mittelgroße Zucchini (je 200 g)
1 Knoblauchzehe
Salz
frisch gemahlener Pfeffer
200 g Sojabohnensprossen
1–2 EL Zitronensaft
3–4 EL Sojasauce

Zubereitungszeit: 20 Minuten
Garzeit: etwa 70 Minuten

Pro Portion:
E: 7 g, F: 1 g, Kh: 12 g,
kJ: 372, kcal: 89

1 Paprika halbieren, entstielen, entkernen, die weißen Scheidewände entfernen. Schoten waschen, abtropfen lassen und in kleine Stücke schneiden. Porree putzen, Stange längs halbieren, waschen, abtropfen lassen und in schräge Scheiben schneiden. Von den Zucchini die Enden abschneiden. Zucchini waschen, abtrocknen, längs halbieren und in Scheiben schneiden.

2 Paprikastücke, Porreescheiben und Zucchinischeiben in einen gewässerten Römertopf geben. Knoblauch abziehen, durch eine Knoblauchpresse drücken und unterrühren. Mit Salz und Pfeffer bestreuen.

3 Den Römertopf mit dem Deckel verschließen und auf dem Rost in den kalten Backofen schieben.

Ober-/Unterhitze: etwa 180 °C
Heißluft: etwa 160 °C
Gas: Stufe 2–3
Garzeit: etwa 70 Minuten.

4 Sojabohnensprossen verlesen, abspülen und trockentupfen. Nach 65 Minuten Garzeit Sojabohnensprossen zum Paprika-Porree-Gemüse geben und fertig garen. Mit Salz, Pfeffer, Zitronensaft und Sojasauce abschmecken und sofort servieren.

Beilage: *Körnig gekochter Reis.*

Paprika „Mexikanisch“
(Römertopf 4-Liter-Inhalt)

4 große grüne Paprikaschoten
1 Aubergine (etwa 250 g)
2 Zwiebeln
3 Knoblauchzehen
8 EL Olivenöl
120 g Arborio-Reis (Rundkornreis)
400 ml Gemüsebrühe
2 Fleischtomaten (je etwa 180 g)
½ TL Salz
frisch gemahlener Pfeffer
½ TL Paprikapulver rosenscharf
1 gestr. TL geschroteter Koriandersamen

1 Bund glatte Petersilie

Zubereitungszeit: 35 Minuten
Garzeit: etwa 20 Minuten für die Fülllung
Garzeit: etwa 65 Minuten für die Paprikaschoten

Pro Portion:
E: 6 g, F: 21 g, Kh: 33 g, kJ: 1458, kcal: 347

1 Paprika waschen, abtrocknen, am Stielende je einen Deckel abschneiden und mit Hilfe eines Löffels die Kerne und die weißen Scheidewände entfernen. Aubergine waschen, den Stängelansatz abschneiden. Aubergine in etwa 1 x 1 cm große Würfel schneiden. Zwiebeln und Knoblauch abziehen, in kleine Würfel schneiden.

2 Olivenöl in einer Pfanne erhitzen. Die Auberginenwürfel von allen Seiten kräftig darin anbraten. Zwiebel- und Knoblauchwürfel hinzugeben und mit andünsten. Reis hinzufügen und glasig dünsten. Etwa 250 ml (¼ l) von der Brühe hinzugießen, zum Kochen bringen und zugedeckt bei schwacher Hitze etwa 20 Minuten garen.

3 Tomaten waschen, abtropfen lassen, halbieren, die Stängelansätze herausschneiden, Tomaten würfeln und zu der Reis-Auberginen-Mischung geben. Mit Salz, Pfeffer, Paprika und Koriander würzen.

4 Die Masse in die vorbereiteten Paprikaschoten füllen und in einen gewässerten Römertopf geben. Eventuell übrig gebliebene Reis-Auberginen-Masse mit in den Römertopf geben. Restliche Brühe hinzugießen. Die Paprikadeckel wieder auflegen.

5 Den Römertopf mit dem Deckel verschließen und auf dem Rost in den kalten Backofen schieben.

Ober-/Unterhitze: etwa 200 °C
Heißluft: etwa 180 °C
Gas: Stufe 3–4
Garzeit: etwa 65 Minuten.

6 Petersilie abspülen und trockentupfen. Die Blättchen von den Stängeln zupfen. Blättchen fein hacken. Die Paprikaschoten mit Petersilie bestreuen und nach Belieben mit etwas Garflüssigkeit servieren.

Überbackene Zwiebeln

(Römertopf 4-Liter Inhalt)

4 große Gemüsezwiebeln (etwa 800 g)
1 Brötchen (Semmel) vom Vortag
1 große Möhre
400 g Gehacktes (halb Schweine-, halb Rindfleisch)
1 Ei
1 EL körniger scharfer Senf
2 EL kleine Kapern
Salz
frisch gemahlener Pfeffer
200 ml Geflügelbrühe
1 Pck. (200 g) geraspelter Gratinierkäse (Kühlregal Supermarkt)

1 kleines Bund Schnittlauch

Zubereitungszeit: 40 Minuten
Garzeit: etwa 80 Minuten

Pro Portion:
E: 38 g, F: 32 g, Kh: 17 g, kJ: 2150, kcal: 513

1 Zwiebeln abziehen und einen Deckel abschneiden. Die Zwiebeln bis auf 3–4 Schichten vorsichtig mit einem Löffel oder Kugelausstecher aushöhlen. Deckel und Zwiebelinneres klein schneiden.

2 Brötchen in kaltem Wasser einweichen und gut ausdrücken. Möhre putzen, schälen, waschen und fein raspeln. Gehacktes in eine Schüssel geben. Klein geschnittenes Zwiebelfleisch, eingeweichtes Brötchen, Möhrenraspel, Ei, Senf und Kapern hinzugeben. Die Zutaten gut vermengen. Mit Salz und Pfeffer würzen.

3 Die ausgehöhlten Zwiebeln innen mit Salz und Pfeffer bestreuen. Die Zwiebeln mit der Gehacktesmasse füllen und in einen gewässerten Römertopf setzen. Geflügelbrühe hinzugießen.

4 Den Römertopf mit dem Deckel verschließen und auf dem Rost in den kalten Backofen schieben.

Ober-/Unterhitze: etwa 200 °C
Heißluft: etwa 180 °C
Gas: Stufe 3–4
Garzeit: etwa 80 Minuten.

5 Nach etwa 70 Minuten Garzeit den Deckel vom Römertopf abnehmen. Die gefüllten Zwiebeln mit Käse bestreuen und ohne Deckel 10 Minuten überbacken.

6 Schnittlauch abspülen, trockentupfen und in Röllchen schneiden. Die gefüllten Zwiebeln auf einer vorgewärmten Platte anrichten und mit Schnittlauchröllchen bestreut servieren.

Tipp: *Nach Belieben eine Senfsauce dazureichen.*

Gefüllte Paprikaschoten
(Römertopf 4-Liter-Inhalt)

4 gelbe Paprikaschoten
Salz
frisch gemahlener Pfeffer
2 Dosen Kidney-Bohnen
(Abtropfgewicht je 250 g)
2 Dosen Chilibohnen (Einwaage je 425 g)
2 Knoblauchzehen
250 g Mozzarella-Käse

200 g saure Sahne
Paprikapulver edelsüß

Nach Belieben:
etwas heller Saucenbinder
Paprikapulver edelsüß

Zubereitungszeit: 25 Minuten
Garzeit: etwa 50 Minuten

Pro Portion:
E: 33 g, F: 23 g, Kh: 42 g,
kJ: 2166, kcal: 517

1 Paprikaschoten waagerecht halbieren, entkernen, die weißen Scheidewände entfernen. Schoten waschen und abtropfen lassen.

2 Paprikahälften in einen gewässerten Römertopf legen. Mit Salz und Pfeffer bestreuen.

3 Kidney-Bohnen in einem Sieb abtropfen lassen und mit den Chilibohnen (mit Sauce) mischen. Knoblauch abziehen, durch eine Knoblauchpresse drücken und unter die Bohnenmischung rühren, mit Salz und Pfeffer abschmecken.

4 Die Bohnenmischung in den Paprikahälften verteilen. Mozzarella in Scheiben schneiden und darauf legen.

5 Den Römertopf mit dem Deckel verschließen und auf dem Rost in den kalten Backofen schieben.

Ober-/Unterhitze: etwa 200 °C
Heißluft: etwa 180 °C
Gas: Stufe 3–4
Garzeit: etwa 50 Minuten.

6 Nach etwa 30 Minuten Garzeit den Deckel abnehmen und die Paprikaschoten fertig garen.

7 Paprikaschoten aus dem Römertopf nehmen. Saure Sahne unter die Schmorflüssigkeit rühren, nochmals mit Salz, Pfeffer und Paprika abschmecken. Nach Belieben mit Saucenbinder binden. Die Sauce auf den Paprikaschoten verteilen oder dazureichen. Paprikaschoten mit Paprikapulver bestreuen.

Blumenkohl-Curry
(Römertopf 4-Liter-Inhalt)

1 Kopf Blumenkohl (etwa 1 kg)
2 Zwiebeln
600 g Kartoffeln
2 Äpfel
2 rote Paprikaschoten
Salz
3 gestr. EL Currypulver
1 TL gemahlener Kreuzkümmel (Cumin)
frisch gemahlener Pfeffer
1 Becher (200 g) Schmand oder Crème fraîche
25 g Weizenmehl
50 g Kürbiskerne ohne Schale

Zubereitungszeit: 35 Minuten
Garzeit: etwa 70 Minuten

Pro Portion:
E: 13 g, F: 17 g, Kh: 43 g, kJ: 1624, kcal: 388

1 Von dem Blumenkohl Blätter und schlechte Stellen entfernen. Strunk abschneiden. Blumenkohl waschen, abtropfen lassen und in kleine Röschen teilen.

2 Blumenkohlröschen waschen, abtropfen lassen und in kochendem Salzwasser etwa 6 Minuten blanchieren. Anschließend in ein Sieb geben, das Blumenkohlwasser dabei auffangen und 125 ml (⅛ l) davon abmessen.

3 Zwiebeln abziehen und in kleine Würfel schneiden. Kartoffeln waschen, schälen, abspülen, abtropfen lassen und in kleine Würfel schneiden. Äpfel schälen, vierteln, entkernen und ebenfalls würfeln. Paprika halbieren, entstielen, entkernen, die weißen Scheidewände entfernen. Schoten waschen, trockentupfen und klein würfeln.

4 Blumenkohlröschen, Zwiebel-, Kartoffel-, Apfel- und Paprikawürfel in einen gewässerten Römertopf geben und gut vermengen. Mit Salz, Curry, Kreuzkümmel und Pfeffer würzen. Aufgefangenes Blumenkohlwasser mit Schmand oder Crème fraîche und Mehl gut verrühren, mit den Gewürzen kräftig abschmecken. Das Gemüse damit übergießen. Mit Kürbiskernen bestreuen.

5 Den Römertopf mit dem Deckel verschließen und auf dem Rost in den kalten Backofen schieben.

Ober-/Unterhitze: etwa 200 °C
Heißluft: etwa 180 °C
Gas: Stufe 3–4
Garzeit: etwa 70 Minuten.

Paprika „Dolma"

(Römertopf 4-Liter-Inhalt)

8 hellgrüne Paprikaschoten (Dolma-Biber, Türkenladen)
2 Zwiebeln
3 Knoblauchzehen
150 g Schafkäse
500 g Lammgehacktes
1 TL Pul Biber (geschrotete Pfefferschoten, Türkenladen)
Salz
frisch gemahlener Pfeffer
2 Msp. gemahlener Zimt
20 g Rosinen
20 g Pinienkerne
250 ml (¼ l) Fleischbrühe
2–3 Zweige Minze

100 g Crème fraîche

Zubereitungszeit: 40 Minuten
Garzeit: etwa 75 Minuten

Pro Portion:
E: 35 g, F: 26 g, Kh: 12 g,
kJ: 1780, kcal: 426

1 Paprikaschoten waschen, abtrocknen, am Stielende einen Deckel abschneiden. Kerne und weiße Scheidewände entfernen. Schoten abspülen und trockentupfen. Zwiebeln und Knoblauch abziehen, in kleine Würfel schneiden. Schafkäse ebenfalls in kleine Würfel schneiden.

2 Gehacktes in eine Schüssel geben. Zwiebel-, Knoblauchwürfel, Pul Biber, Salz, Pfeffer, Zimt, Rosinen, Pinienkerne und Schafkäsewürfel hinzufügen. Die Zutaten gut vermischen. Die Paprikaschoten mit der Masse füllen und in einen gewässerten Römertopf geben. Brühe hinzugießen.

3 Minze abspülen und trockentupfen. Die Blättchen von den Stängeln zupfen. Blättchen fein hacken und hinzu geben.

4 Den Römertopf mit dem Deckel verschließen und auf dem Rost in den kalten Backofen schieben.

Ober-/Unterhitze: etwa 200 °C
Heißluft: etwa 180 °C
Gas: Stufe 3–4
Garzeit: etwa 75 Minuten.

5 Die Paprikaschoten herausnehmen und auf einer vorgewärmten Servierplatte anrichten. Den Fond mit Crème fraîche verrühren und mit den Paprikaschoten servieren.

Tipp: *Statt Dolma-Biber-Paprikaschoten können auch klein Paprikaschoten verwendet werden.*

Romanesco mit Penne und Hähnchenbrust
(Römertopf 4-Liter-Inhalt)

400 g Penne (italienische Röhrennudeln)
1 l Gemüsebrühe

600 g Romanesco
500 g Hähnchenbrustfilet
4 EL Speiseöl
Salz
frisch gemahlener Pfeffer
1 EL Currypulver
100 g getrocknete, eingelegte Tomaten
50 g abgezogene, ganze Mandeln
100 g Pecorino (italienischer Hartkäse)

Zubereitungszeit: 25 Minuten
Garzeit: etwa 60 Minuten
Backzeit: etwa 10 Minuten

Pro Portion:
E: 57 g, F: 23 g, Kh: 76 g,
kJ: 3109, kcal: 743

1 Penne mit der Brühe in einen gewässerten Römertopf geben. Den Römertopf mit dem Deckel verschließen und auf dem Rost in den kalten Backofen schieben.

Ober-/Unterhitze: etwa 200 °C
Heißluft: etwa 180 °C
Gas: Stufe 3–4
Garzeit: etwa 30 Minuten.

2 Von dem Romanesco die Blätter und schlechten Stellen entfernen. Den Strunk abschneiden. Romanesco in Röschen teilen, waschen und abtropfen lassen.

3 Hähnchenbrustfilet unter fließendem kalten Wasser abspülen, trockentupfen und in Würfel schneiden. Speiseöl in einer großen Pfanne erhitzen. Fleischwürfel von allen Seiten darin anbraten. Mit Salz, Pfeffer und Curry bestreuen.

4 Romanescoröschen und Fleischwürfel zu den Nudeln geben, gut vermengen, mit Deckel wieder in den Backofen schieben und **weitere 30 Minuten bei gleicher Backofeneinstellung garen.**

5 Tomaten in Stücke schneiden, zusammen mit den Mandeln unter die Nudel-Fleisch-Masse geben. Käse darüber streuen. Den Römertopf wieder in den Backofen schieben und die Masse ohne Deckel **bei gleicher Backofeneinstellung etwa 10 Minuten überbacken.**

Zigeunerhuhn mit Paprika
(Römertopf 4-Liter-Inhalt)

1 Poularde (küchenfertig, etwa 1,5 kg)
Salz
frisch gemahlener Pfeffer
1 geh. EL Paprikapulver edelsüß
150 g Zwiebeln
2 Knoblauchzehen
je 2 große rote und gelbe Paprikaschoten
2 Zweige Thymian
2 Zweige Rosmarin
2 EL Olivenöl

2 EL Rosinen
2 EL Pinienkerne

Zubereitungszeit: 40 Minuten
Garzeit: etwa 90 Minuten

Pro Portion:
E: 60 g, F: 35 g, Kh: 18 g,
kJ: 2635, kcal: 630

1 Poularde in acht Stücke teilen (Brust und Keulen jeweils halbieren). Poulardenstücke unter fließendem kalten Wasser abspülen und trockentupfen. Mit Salz, Pfeffer und Paprika einreiben.

2 Zwiebeln und Knoblauch abziehen. Zwiebeln in große Würfel schneiden, Knoblauch durch eine Knoblauchpresse drücken. Paprika halbieren, entstielen, entkernen, die weißen Scheidewände entfernen. Die Schoten waschen, trockentupfen und in mundgerechte Stücke schneiden. Thymian und Rosmarin abspülen und trockentupfen.

3 Poulardenstücke, Zwiebelwürfel, Knoblauch und Paprikastücke in einen gewässerten Römertopf geben und gut vermengen. Olivenöl, Thymian und Rosmarin unterrühren. Mit Salz und Pfeffer würzen.

4 Den Römertopf mit dem Deckel verschließen und auf dem Rost in den kalten Backofen schieben.

Ober-/Unterhitze: etwa 200 °C
Heißluft: etwa 180 °C
Gas: Stufe 3–4
Garzeit: etwa 90 Minuten.

5 Nach etwa 75 Minuten Garzeit Rosinen und Pinienkerne in den Römertopf geben und weitere 15 Minuten ohne Deckel garen.

Beilage: *Röstkartoffeln.*

Gemüseeintopf mit Putenkeule
(Römertopf 4-Liter-Inhalt)

1 Putenoberkeule (etwa 1 kg)
Salz
frisch gemahlener Pfeffer
250 g Zwiebeln
500 g Kartoffeln
2 mittelgroße rote Paprikaschoten
Paprikapulver edelsüß
2 EL frischer Oregano
1 entkernte Peperoni
etwa 100 ml Wasser
500 g Tomaten

Nach Belieben:
1–2 EL heller Saucenbinder

Zubereitungszeit: 25 Minuten
Garzeit: etwa 1 ¾ Stunden

Pro Portion:
E: 56 g, F: 10 g, Kh: 26 g,
kJ: 1773, kcal: 423

1 Putenoberkeule unter fließendem kalten Wasser abspülen und abtrocknen, mit Salz und Pfeffer einreiben.

2 Zwiebeln abziehen und in kleine Würfel schneiden. Kartoffeln waschen, schälen, abspülen und ebenfalls in Würfel schneiden. Paprika halbieren, entstielen, entkernen und die weißen Scheidewände entfernen. Schoten waschen, in Würfel schneiden, abwechselnd mit den Zwiebel- und Kartoffelwürfeln in einen gewässerten Römertopf schichten.

3 Mit Salz, Pfeffer, Paprika und Oregano würzen. Peperoni in feine Ringe schneiden und unterrühren. Putenoberkeule auf das Gemüse legen, Wasser hinzugießen.

4 Den Römertopf mit dem Deckel verschließen und auf dem Rost in den kalten Backofen schieben.

Ober-/Unterhitze 200–220 °C
Heißluft: 180–200 °C
Gas: etwa Stufe 4
Garzeit: etwa 1 ¾ Stunden.

5 Tomaten waschen, abtropfen lassen, kreuzweise einschneiden, kurz in kochendes Wasser legen, in kaltem Wasser abschrecken. Tomaten enthäuten, Stängelansätze entfernen. Tomaten in Würfel schneiden und nach etwa 1 ½ Stunden Garzeit zu dem Gemüseeintopf geben und ohne Deckel fertig garen. Putenkeule herausnehmen, vom Knochen lösen, Fleisch in Scheiben schneiden.

6 Den Gemüseeintopf nach Belieben mit Saucenbinder binden. Mit Salz, Pfeffer und Paprika abschmecken. Fleischscheiben hinzugeben.

Glasierte Orangenente
(Römertopf 4-Liter-Inhalt)

1 küchenfertige Ente (etwa 1,4 kg)
Salz
frisch gemahlener Pfeffer
2 kleine Bio-Orangen (unbehandelt, ungewachst)
2 mittelgroße Zwiebeln
½ Topf Basilikum
Wasser

4 EL feste Orangenmarmelade (etwa 120 g)
etwa ½ Tasse Wasser
1 Glas Enten- oder Geflügelfond (etwa 375 ml)
1–2 TL Speisestärke
Butter
½ Topf Basilikum

Zubereitungszeit: 2 ½ Stunden
Garzeit: etwa 2 Stunden

Pro Portion:
E: 53 g, F: 24 g, Kh: 28 g, kJ: 2262, kcal: 536

Beilage: *Spätzle aus dem Kühlregal und Zuckermöhrchen.*

1 Die Ente innen und außen waschen, trockentupfen, von innen und außen mit Salz und Pfeffer einreiben.

2 Orangen heiß abwaschen, abtrocknen, achteln. Zwiebeln abziehen, ebenfalls achteln. Basilikum abspülen, trockentupfen, mit den Stängeln klein schneiden, mit den Orangen- und Zwiebelachteln vermengen. Die Bauchhöhle der Ente damit füllen.

3 Die Ente auf eine Keulenseite in einen gewässerten Römertopf legen, so viel Wasser hinzugießen, dass der Boden etwa 1 cm hoch bedeckt ist, mit dem Deckel verschließen, auf dem Rost in den kalten Backofen schieben.

Ober-/Unterhitze: etwa 200 °C
Heißluft: etwa 180 °C
Gas: Stufe 3–4
Garzeit: etwa 2 Stunden.

4 Die Orangenmarmelade mit Wasser in einem kleinen Topf unter Rühren aufkochen lassen. Nach 60 Minuten Garzeit die Ente auf die andere Keulenseite drehen und weitere 60 Minuten mit Deckel garen. Die Ente während des Garens 1–2-mal mit der Marmelade bestreichen.
20 Minuten vor Beendigung der Garzeit den Deckel vom Römertopf nehmen. Ente nochmals mit Marmelade bestreichen und ohne Deckel fertig garen.

5 Die gare Ente auf den Rücken legen (die Brust soll nach oben zeigen) und mit der Fleischgabel die Haut einstechen, damit das Fett herauslaufen kann. Die Ente herausnehmen und warm stellen. Von dem Bratenfond das Fett abschöpfen. Bratenfond mit dem Entenfond in einem Topf zum Kochen bringen und etwa um die Hälfte einkochen lassen. Speisestärke mit etwas Wasser anrühren,

(Fortsetzung Seite 50)

unter Rühren in den Fond geben und kurz aufkochen lassen. Mit Salz, Pfeffer und Butter abschmecken. Basilikum abspülen und trockentupfen. Die Blättchen von den Stängeln zupfen. Blättchen in feine Streifen schneiden und unter die Sauce rühren. Die Ente tranchieren und mit der Sauce servieren.

Für Gäste

Entenkeule süß-sauer

(Römertopf 4-Liter-Inhalt)

4 Entenkeulen (je etwa 250 g)
Salz
frisch gemahlener Pfeffer
1 Glas Silberzwiebeln
(Abtropfgewicht 220 g)
120 g abgezogene, ganze Mandeln
1 Prise Zucker

400 ml Enten- oder Geflügelfond
(aus dem Glas)
2 EL zerlassene Butter
Puderzucker
1 Bund glatte Petersilie
2 EL Butter
1 EL Balsamicoessig

Zubereitungszeit: etwa 25 Minuten
Garzeit: 70–80 Minuten

Pro Portion:
E: 48 g, F: 43 g, Kh: 7 g,
kJ: 2530, kcal: 601

1 Von den Entenkeulen evtl. restliche Federn entfernen. Entenkeulen unter fließendem kalten Wasser abspülen, trockentupfen, mit Salz und Pfeffer einreiben. Silberzwiebeln in einem Sieb abtropfen lassen.

2 Silberzwiebeln mit Mandeln und Zucker in einen gewässerten Römertopf geben und vermengen. Entenkeulen nebeneinander auf die Zwiebel-Mandel-Mischung legen. Fond hinzugießen. Den Römertopf mit dem Deckel verschließen, auf dem Rost in den kalten Backofen schieben.

Ober-/Unterhitze: etwa 220 °C
Heißluft: etwa 200 °C
Gas: Stufe 3–4
Garzeit: 70–80 Minuten.

3 Nach etwa 55 Minuten Garzeit den Deckel abnehmen. Entenkeulen mit Butter bestreichen und mit Puderzucker bestäuben. Die Entenkeulen ohne Deckel fertig garen. Die Keulen sollen schön knusprig braun sein.

4 Entenkeulen herausnehmen und auf einer vorgewärmten Platte mit den Zwiebelspalten und Mandeln anrichten. Das Fett von der Sauce abschöpfen. Petersilie abspülen und trockentupfen. Die Blättchen von den Stängeln zupfen. Blättchen in Streifen schneiden. Butter, Essig und Petersilienstreifen unter die Sauce rühren. Die Entenkeulen mit der Sauce servieren.

Tomatisierte Poularde mit Oliven

(Römertopf 4-Liter-Inhalt)

1 Poularde (küchenfertig, etwa 1,2 kg)
Salz
4 rote Zwiebeln
4 Knoblauchzehen
2 EL Olivenöl
2 EL Tomatenmark
100 ml Hühnerbrühe
1 große Dose abgezogene Tomaten (800 g)
frisch gemahlener schwarzer Pfeffer
1 Bund Thymian
1 Lorbeerblatt
20 Kirschtomaten
je 1 Glas schwarze und grüne Oliven mit Stein (Einwaage je 85 g)

Zubereitungszei: 35 Minuten
Garzeit: 70–75 Minuten

Pro Portion:
E: 49 g, F: 37 g, Kh: 12 g, kJ: 2415, kcal: 575

Beilage: *Pappardelle (breite Bandnudeln) oder Lorbeerkartoffeln.*

1 Poularde in 8 Stücke teilen (Brust und Keulen jeweils halbieren). Die Poulardenstücke unter fließendem kalten Wasser abspülen, trockentupfen und mit Salz einreiben.

2 Zwiebeln und Knoblauch abziehen. Zwiebeln in Spalten schneiden. Knoblauch durch eine Knoblauchpresse drücken. Olivenöl in einem großen Topf erhitzen. Zwiebelspalten und Knoblauch darin glasig dünsten. Tomatenmark hinzugeben und kurz mit andünsten. Brühe hinzugießen. Tomaten in Würfel schneiden und mit dem Saft unterrühren. Mit Salz und Pfeffer würzen. Die Poulardenstücke mit der Brühe in einen gewässerten Römertopf geben.

3 Thymian abspülen und trockentupfen. Die Hälfte der Thymianzweige und das Lorbeerblatt zur Brühe in den Römertopf geben. Den Römertopf mit dem Deckel verschließen und auf dem Rost in den kalten Backofen schieben.

Ober-/Unterhitze: etwa 200 °C
Heißluft: etwa 180 °C
Gas: Stufe 3–4
Garzeit: 70–75 Minuten.

4 Tomaten waschen, trockentupfen, evtl. Stängelansätze herausschneiden. Restlichen Thymian klein hacken. Oliven abtropfen lassen.

5 Nach etwa 60 Minuten Garzeit Thymianzweige herausnehmen und den gehackten Thymian unterrühren. Tomatenhälften und Oliven ebenfalls hinzufügen, gut durchrühren und ohne Deckel weitere 10–15 Minuten garen.

Zitronenhuhn mit Knoblauch
(Römertopf 4-Liter-Inhalt)

1 Poularde (küchenfertig, mindestens 1,2 kg)
Salz
frisch gemahlener Pfeffer
4 rote Zwiebeln (etwa 200 g)
3 Bio-Zitronen (unbehandelt, ungewachst)
1 Knoblauchknolle
1 Bund Zitronenthymian
100 ml Olivenöl

Zubereitungszeit: 35 Minuten
Garzeit: etwa 80 Minuten

Pro Portion:
E: 45 g, F: 47 g, Kh: 7 g,
kJ: 2665, kcal: 637

Tipp: *Das hierbei entstandene Zitronenöl dient als Sauce oder Dip und kann gut mit Ciabatta aufgenommen werden. Servieren Sie das Zitronenhuhn mit einem Orangen-Fenchel-Salat.*

1 Poularde in acht Stücke teilen (Brust und Keulen jeweils halbieren). Die Poulardenstücke unter fließendem kalten Wasser abspülen und trockentupfen. Mit Salz und Pfeffer einreiben.

2 Zwiebeln abziehen und in Spalten schneiden. Zitronen heiß abwaschen, abtrocknen und in Scheiben schneiden. Knoblauch in einzelne Zehen teilen (nicht abziehen). Thymian abspülen und trockentupfen.

3 Poulardenstücke, Zwiebelspalten, Zitronenscheiben und Knoblauchzehen in einen gewässerten Römertopf geben und gut vermengen. Olivenöl und die Hälfte des Thymians hinzufügen. Mit Salz und Pfeffer würzen.

4 Den Römertopf mit dem Deckel verschließen und auf dem Rost in den kalten Backofen schieben.

Ober-/Unterhitze: etwa 200 °C
Heißluft: etwa 180 °C
Gas: Stufe 3–4
Garzeit: etwa 80 Minuten.

5 Die Blättchen von den restlichen Thymianzweigen zupfen. Nach etwa 75 Minuten Garzeit Thymianblättchen zum Zitronenhuhn geben und weitere 15 Minuten ohne Deckel garen.

Abwandlung Titelfoto: *Sie erhalten eine vollständige Mahlzeit, wenn Sie zusätzlich noch 6–8 gewaschene, geschälte Kartoffeln, 1 Bund geputzte, gewaschene, in Stücke geschnittene Frühlingszwiebeln und etwa 10 gewaschene, trockengetupfte Cocktailtomaten mitgaren lassen. Cocktailtomaten jedoch erst nach etwa 65 Minuten Garzeit hinzufügen. Nach Belieben Zitronenscheiben durch Zitronenstreifen ersetzen.*

Putenoberkeule mit Paprikagemüse
(Römertopf 4-Liter-Inhalt)

1 Putenoberkeule (etwa 1,3 kg)
Salz
frisch gemahlener Pfeffer
4 mittelgroße Zwiebeln
je 1 rote, gelbe und grüne Paprikaschote
500 g Tomaten
1 gestr. TL Paprikapulver edelsüß
100 ml Schlagsahne
2 TL frischer gehackter Kerbel

Zubereitungszeit: 25 Minuten
Garzeit: etwa 2 Stunden

Pro Portion:
E: 70 g, F: 20 g, Kh: 11 g,
kJ: 2146, kcal: 512

1 Putenoberkeule unter fließendem kalten Wasser abspülen, trockentupfen, mit Salz und Pfeffer einreiben. Zwiebeln abziehen und vierteln.

2 Putenoberkeule mit der Fettseite nach oben in einen gewässerten Römertopf geben. Zwiebelviertel hinzufügen.

3 Den Römertopf mit dem Deckel verschließen und auf dem Rost in den kalten Backofen schieben.

Ober-/Unterhitze: etwa 200 °C
Heißluft: etwa 180 °C
Gas: Stufe 3–4
Garzeit: etwa 2 Stunden.

4 Paprika halbieren, entstielen, entkernen, die weißen Scheidewände entfernen. Die Schoten waschen, abtropfen lassen und in dicke Streifen schneiden. Tomaten waschen, kreuzweise einschneiden und kurz in kochendes Wasser legen. Tomaten kurz in kaltes Wasser legen, enthäuten und die Stängelansätze entfernen. Tomaten in grobe Stücke schneiden.

5 Nach etwa 1 Stunde Garzeit Paprikastreifen und Tomatenstücke zur Putenoberkeule geben und die Putenoberkeule mit dem Paprikagemüse fertig garen.

6 Die Putenoberkeule aus dem Römertopf nehmen, auf eine vorgewärmte Platt legen, mit Alufolie zudecken und etwa 10 Minuten ruhen lassen.

7 Das Paprikagemüse mit Fond in einen Topf geben, mit Salz, Pfeffer und Paprika abschmecken. Sahne hinzufügen, auf der Kochstelle unter Rühren aufkochen und etwas einkochen lassen. Paprikagemüse mit Kerbel bestreuen und mit der Putenkeule servieren.

Hähnchen-Gemüse-Topf

(Römertopf 2,5-Liter-Inhalt)

3 Hähnchenbrustfilets (etwa 500 g)
300 g Champignons
400 g Möhren
1 Stange Porree (Lauch, etwa 300 g)
Salz
frisch gemahlener Pfeffer
1 gestr. TL Paprikapulver edelsüß
250 ml (¼ l) Gemüsebrühe
150 g saure Sahne (10 % Fett)
1–2 EL heller Saucenbinder

1 Bund Kerbel

Zubereitungszeit: 35 Minuten
Garzeit: etwa 60 Minuten

Pro Portion:
E: 36 g, F: 5 g, Kh: 10 g,
kJ: 958, kcal: 229

1 Hähnchenbrustfilets unter fließendem kalten Wasser abspülen, trockentupfen und in breite Streifen oder kleine Würfel schneiden. Champignons putzen, mit Küchenpapier abreiben, evtl. abspülen, abtropfen lassen und vierteln. Möhren putzen, schälen, waschen, abtropfen lassen und in kleine Würfel schneiden. Porree putzen, die Stange längs halbieren, gründlich waschen, abtropfen lassen und in Streifen schneiden.

2 Hähnchenbrustfiletstreifen oder -würfel, Champignonviertel, Möhrenwürfel und Porreestreifen in einen gewässerten Römertopf geben und gut vermengen. Mit Salz, Pfeffer und Paprika würzen. Brühe hinzugießen.

3 Den Römertopf mit dem Deckel verschließen und auf dem Rost in den kalten Backofen schieben.

Ober-/Unterhitze: etwa 200 °C
Heißluft: etwa 180 °C
Gas: Stufe 3–4
Garzeit: etwa 60 Minuten.

4 Den Hähnchen-Gemüse-Topf nach der Hälfte der Garzeit umrühren.

5 Saure Sahne mit Saucenbinder anrühren und unter den Hähnchen-Gemüse-Topf rühren. Nochmals mit Salz, Pfeffer und Paprika abschmecken.

6 Kerbel abspülen und trockentupfen. Die Blättchen von den Stängeln zupfen. Den Hähnchen-Gemüse-Topf mit Kerbelblättchen bestreut servieren.

Tipp: *Schmeckt auch sehr gut mit Putenbrustfilet.*

Maishuhnbrüste mit Mango gefüllt

(Römertopf 4-Liter-Inhalt)

4 Maishuhnbrüste (die Maishuhnpoularde hat dicke, fleischige Brüste) oder 8 kleine Hähnchenbrustfilets
1 kleine reife Mango
1 Pck. (200 g) körniger Frischkäse (Hüttenkäse)
Salz
frisch gemahlener Pfeffer
2 EL Speiseöl

Für die Minze-Joghurt-Sauce:
½ Bund Minze
500 ml Naturjoghurt
Chilipulver

Außerdem:
evtl. Holzstäbchen

Zubereitungszeit: 35 Minuten
Garzeit: 55–60 Minuten

Pro Portion:
E: 61 g, F: 31 g, Kh: 16 g, kJ: 2507, kcal: 599

Tipp: *Anstelle der kalten Minze-Joghurt-Sauce kann auch z. B. eine Currysauce gereicht werden.*
Sie können auch Rinderfiletscheiben oder Rouladenfleisch verwenden.

1 Maishuhnbrüste oder Hähnchenbrustfilets unter fließendem kalten Wasser abspülen und trockentupfen. Von den dicken Enden der Maishuhnbrust zur Spitze hin, mit einem langen, spitzen Messer eine Tasche schneiden, ohne die Brust dabei aufzuschneiden. Die Brüste innen und außen mit Salz und Pfeffer einreiben.

2 Mango in der Mitte längs durchschneiden, das Fleisch vom Stein lösen, schälen und in sehr kleine Würfel schneiden. Mangowürfel mit dem Frischkäse verrühren, mit Salz und Pfeffer würzen.

3 Die Mango-Frischkäse-Masse in einen Spritzbeutel mit mittelgroßer Lochtülle füllen und vorsichtig in die Taschen der Hühnerbrüste spritzen. Taschen nicht zu voll spritzen, da die Masse sonst beim Garen herausquillt, evtl. mit Holzstäbchen feststecken.

4 Die gefüllten Maishuhnbrüste mit dem Speiseöl in einen gewässerten Römertopf geben. Den Römertopf mit dem Deckel verschließen und auf dem Rost in den kalten Backofen schieben.

Ober-/Unterhitze: etwa 200 °C
Heißluft: etwa 180 °C
Gas: Stufe 3–4
Garzeit: 55–60 Minuten.

5 Für die Sauce Minze abspülen und trockentupfen. Die Spitzen der Minze abzupfen und zum Garnieren beiseite legen. Die restlichen Blättchen von den Stängeln zupfen. Blättchen in feine Streifen schneiden. Joghurt in eine Schüssel geben und glatt rühren, Minzestreifen unterrühren. Mit Salz und Chili abschmecken. Sauce kalt stellen.

(Fortsetzung Seite 62)

6 Nach etwa 50 Minuten Garzeit den Deckel vom Römertopf abnehmen und die Maishuhnbrüste bei **Ober-/Unterhitze: etwa 250 °C ohne Deckel in 5–10 Minuten fertig garen.**

7 Die garen Maishuhnbrüste herausnehmen, schräg halbieren, auf eine vorgewärmte Platte legen, mit den beiseite gelegten Minzespitzen garnieren und mit der Minze-Joghurt-Sauce sofort servieren.

Preiswert

Möhren-Zwiebel-Eintopf

(Römertopf 4-Liter-Inhalt)

500 g Zwiebeln
500 g Möhren
500 g Kartoffeln
500 g Gehacktes (halb Rind-, halb Schweinefleisch)
Salz
frisch gemahlener Pfeffer
getrockneter Majoran
500 ml (½ l) Fleischbrühe
gehackte Petersilie

Zubereitungszeit: 90 Minuten
Garzeit: etwa 70 Minuten

Pro Portion:
E: 28 g, F: 21 g, Kh: 26 g, kJ: 1710, kcal: 409

1 Zwiebeln abziehen. Möhren putzen, schälen, waschen und abtropfen lassen. Kartoffeln waschen, schälen, abspülen und abtropfen lassen. Zwiebeln, Möhren und Kartoffeln in Scheiben schneiden.

2 Gehacktes in eine Schüssel geben. Mit Salz und Pfeffer würzen. Gehacktes und das vorbereitete Gemüse abwechselnd in einen gewässerten Römertopf schichten. Die einzelnen Gemüseschichten mit Salz und Pfeffer bestreuen. Fleischbrühe hinzugießen.

3 Den Römertopf mit dem Deckel verschließen und auf dem Rost in den kalten Backofen schieben.

Ober-/Unterhitze: 200–220 °C
Heißluft: 180–200 °C
Gas: etwa Stufe 4
Garzeit: etwa 70 Minuten.

4 Den garen Eintopf umrühren und nochmals mit Salz und Pfeffer abschmecken. Mit Petersilie bestreut servieren.

Beilage: *Vollkornbrot.*

Bosnischer Fleisch-Kartoffel-Eintopf

(4–6 Portionen – Römertopf 4-Liter-Inhalt)

400 g Rindfleisch aus der Hüfte
500 g Lammfleisch aus der Keule, ohne Knochen
200 g Möhren
100 g Knollensellerie
100 g Petersilienwurzel
500 g Kartoffeln
150 g Zwiebeln
1 kleine grüne Paprikaschote
1 Fleischtomate (200 g)
400 g Weißkohl
100 g grüne Bohnen
5 Knoblauchzehen
Salz
frisch gemahlener Pfeffer
Paprikapulver edelsüß
2 Nelken
1 Lorbeerblatt
50 g Tomatenmark
250 ml (¼ l) Weißwein
2 EL Olivenöl

Zubereitungszeit: 40 Minuten
Garzeit: etwa 2 Stunden

Pro Portion:
E: 43 g, F: 11 g, Kh: 22 g, kJ: 1677, kcal: 400

1 Rind- und Lammfleisch unter fließendem kalten Wasser abspülen und trockentupfen. Das Fleisch in etwa 2 x 2 cm große Würfel schneiden.

2 Möhren, Sellerie und Petersilienwurzel putzen, schälen waschen. Kartoffeln waschen, schälen, abspülen. Zwiebeln abziehen. Paprika halbieren, entstielen, entkernen, die weißen Scheidewände entfernen. Die Schote waschen. Tomate waschen, kreuzweise einschneiden und einige Sekunden in kochendes Wasser legen. Tomate kurz in kaltes Wasser legen, enthäuten, halbieren, entkernen, Stängelansatz herausschneiden. Das vorbereitete Gemüse abtropfen lassen, dann in Würfel schneiden.

3 Weißkohl putzen, vierteln, den Strunk herausschneiden Weißkohl waschen, abtropfen lassen und in Streifen schneiden. Von den Bohnen die Enden abschneiden, Bohnen evtl. abfädeln, waschen, abtropfen lassen und in Stücke schneiden. Knoblauch abziehen und durch eine Knoblauchpresse drücken.

4 Das vorbereitete Fleisch und Gemüse abwechselnd in einen gewässerten Römertopf schichten. Dabei jede Schicht mit Salz, Pfeffer und Paprika würzen. Nelken und Lorbeerblatt hinzugeben. Tomatenmark mit Wein und Olivenöl verrühren und hinzugießen.

5 Den Römertopf mit dem Deckel verschließen und auf dem Rost in den kalten Backofen schieben.

Ober-/Unterhitze: etwa 200 °C
Heißluft: etwa 180 °C
Gas: Stufe 3–4
Garzeit: etwa 2 Stunden.

Hackklößchen in Tomatensauce

(Römertopf 2,5-Liter-Inhalt)

Für die Tomatensauce:
1 Dose italienische, passierte Tomaten (Einwaage 425 g)
1 Dose stückige Tomaten (Einwaage 400 g)
Salz
frisch gemahlener Pfeffer
2 Msp. Cayennepfeffer
gerebelter Oregano

Für die Hackklößchen:
2 kleine Zwiebeln
600 g Rindergehacktes
1 Ei (Größe M)
Salz
frisch gemahlener Pfeffer
Paprikapulver edelsüß
1 TL gerebelter Majoran

Zubereitungszeit: 20 Minuten
Garzeit: etwa 65 Minuten

Pro Portion:
E: 33 g, F: 22 g, Kh: 6 g,
kJ: 1503, kcal: 358

1 Für die Sauce passierte und stückige Tomaten in einen gewässerten Römertopf geben. Mit Salz, Pfeffer, Cayennepfeffer und Oregano würzen.

2 Für die Hackklößchen Zwiebeln abziehen und in kleine Würfel schneiden. Gehacktes in eine Schüssel geben. Zwiebelwürfel und Ei hinzufügen. Die Zutaten gut vermengen. Salz, Pfeffer, Paprika und Majoran hinzugeben und gut unterrühren.

3 Aus der Masse mit angefeuchteten Händen kleine Bällchen formen und in die Tomatensauce legen.

4 Den Römertopf mit dem Deckel verschließen und auf dem Rost in den kalten Backofen schieben.

Ober-/Unterhitze: etwa 200 °C
Heißluft: etwa 180 °C
Gas: Stufe 3–4
Garzeit: etwa 65 Minuten.

Beigabe: *Reis oder Nudeln und Salat.*

Tipp: *Das Gericht lässt sich gut einfrieren.*

Chinakohl-Stew
(Römertopf 4-Liter-Inhalt)

250 g Rindfleisch aus der Hüfte, ohne Knochen
250 g Lammfleisch aus der Hüfte, ohne Knochen
250 g Schweinefleisch (Schnitzelfleisch)
1 Knoblauchzehe
2 Zwiebeln
Salz
frisch gemahlener Pfeffer
750 g Chinakohl
250 ml (¼ l) Fleischbrühe
2 Tomaten
gemahlener Kreuzkümmel (Cumin)

Zubereitungszeit: 35 Minuten
Garzeit: etwa 90 Minuten

Pro Portion:
E: 43 g, F: 6 g, Kh: 4 g, kJ: 1004, kcal: 241

1 Rind-, Lamm- und Schweinefleisch unter fließendem kalten Wasser abspülen, trockentupfen und in kleine Würfel schneiden.

2 Knoblauch abziehen und durch eine Knoblauchpresse drücken. Zwiebeln abziehen, halbieren und in Scheiben schneiden.

3 Fleischwürfel in einen gewässerten Römertopf geben. Knoblauch und Zwiebelscheiben hinzufügen. Mit Salz und Pfeffer bestreuen.

4 Chinakohl putzen, vierteln, den Strunk herausschneiden. Chinakohl in schmale Streifen schneiden, waschen, abtropfen lassen und auf dem Fleisch verteilen. Brühe hinzugießen.

5 Den Römertopf mit dem Deckel verschließen und auf dem Rost in den kalten Backofen schieben.

Ober-/Unterhitze: etwa 200 °C
Heißluft: etwa 180 °C
Gas: Stufe 3–4
Garzeit: etwa 90 Minuten.

6 Tomaten waschen, kreuzweise einschneiden, kurz in kochendes Wasser legen, in kaltem Wasser abschrecken, enthäuten, Stängelansätze entfernen. Tomaten in Stücke schneiden.

7 Nach etwa 75 Minuten Garzeit Tomatenstücke zum Fleisch geben und das Stew fertig garen.

8 Das Stew vorsichtig umrühren. Mit Salz, Pfeffer und Kreuzkümmel würzen.

Gefüllter Kalbsbraten
(Römertopf 4-Liter-Inhalt)

800 g Kalbfleisch (vom Nacken, mit eingeschnittener Tasche)
Salz
frisch gemahlener Pfeffer

Für die Füllung:
je 1 kleine rote und grüne Paprikaschote
Salzwasser
½ kleine Zucchini (etwa 120 g)
1 Zwiebel, 1 Knoblauchzehe
5 grüne Oliven mit Paprikafüllung
3 EL Olivenöl, 1 EL Tomatenmark
1 EL Rotweinessig
40 g Salzstangen oder -brezeln
2 Msp. Cayennepfeffer
3 EL Olivenöl, etwas Wasser

Für die Sauce:
1 kleine Gemüsezwiebel
1 rote Paprikaschote
125 ml (⅛ l) Schlagsahne

Außerdem:
Küchengarn oder Holzstäbchen

Zubereitungszeit: 40 Minuten
Garzeit: etwa 110 Minuten

Pro Portion:
E: 43 g, F: 37 g, Kh: 17 g, kJ: 2435, kcal: 581

1 Kalbfleisch innen und außen unter fließendem kalten Wasser abspülen und trockentupfen. Kalbfleisch innen und außen mit Salz und Pfeffer einreiben.

2 Für die Füllung Paprika halbieren, entstielen, entkernen, die weißen Scheidewände entfernen. Die Schoten waschen, abtropfen lassen und in Viertel schneiden. Salzwasser in einem Topf zum Kochen bringen. Paprikaviertel 6–8 Minuten darin garen. Anschließend in ein Sieb geben, mit kaltem Wasser übergießen, abtropfen lassen, enthäuten und in Würfel schneiden. Zucchinihälften waschen, abtrocknen und das Ende abschneiden. Zucchini in Würfel schneiden. Zwiebel und Knoblauch abziehen, fein würfeln. Oliven vierteln.

3 Olivenöl in einem Topf erhitzen, Zwiebel- und Knoblauchwürfel darin andünsten. Zucchini- und Paprikawürfel hinzufügen, kurz mit andünsten. Tomatenmark, Essig und Olivenviertel unterrühren. Die Masse etwas abkühlen lassen. Salzstangen oder -brezeln zerbröseln und unter die Gemüsemasse heben. Mit Salz, Pfeffer und Cayennepfeffer abschmecken. Die Füllung in die Fleischtasche geben. Die Öffnung mit Küchengarn zunähen oder mit Holzstäbchen feststecken. Das Fleisch mit Olivenöl beträufeln und in einen gewässerten Römertopf legen.

4 Den Römertopf mit dem Deckel verschließen und auf dem Rost in den kalten Backofen schieben.

Ober-/Unterhitze: etwa 200 °C
Heißluft: etwa 180 °C
Gas: Stufe 3–4
Garzeit: etwa 110 Minuten.

(Fortsetzung Seite 7

5 Für die Sauce Zwiebel abziehen, in Achtel schneiden. Paprika halbieren, entstielen, entkernen, weiße Scheidewände entfernen. Schote waschen, trockentupfen, vierteln.

6 Nach etwa 65 Minuten Garzeit den Backofen auf Ober-/Unterhitze: etwa 160 °C, Heißluft etwa 140 °C, Gas: Stufe 1–2 herunterschalten. Gleichzeitig Zwiebel- und Paprikastücke und etwas Wasser hinzufügen. Den Kalbsbraten ohne Deckel fertig garen.

7 Den garen Kalbsbraten herausnehmen, auf eine vorgewärmte Platte legen, mit Alufolie zudecken und etwa 10 Minuten ruhen lassen. Kalbsbraten in Scheiben schneiden. Die Gemüsesauce nach Belieben pürieren, Sahne unterrühren. Mit Salz und Pfeffer abschmecken. Den Kalbsbraten mit der Sauce servieren.

Einfach – Mit Alkohol

Forellen aus dem Kräuterdampf
(Römertopf 4-Liter-Inhalt)

4 küchenfertige Forellen (je etwa 300 g)
Salz, frisch gemahlener Pfeffer
2 Knoblauchzehen
2 Bio-Limetten (unbehandelt, ungewachst), 2 große Schalotten
je 1 Bund Dill, glatte Petersilie und Kerbel
500 ml (½ l) trockener Weißwein, z. B. Riesling

Zubereitungszeit: 25 Minuten
Garzeit: etwa 50 Minuten

Pro Portion:
E: 38 g, F: 7 g, Kh: 2 g, kJ: 1324, kcal: 316

Beilage: *Salzkartoffeln und zerlassene Butter.*

1 Forellen innen und außen unter fließendem kalten Wasser abspülen, trockentupfen, von innen und außen mit Salz und Pfeffer einreiben. Knoblauch (ungepellt) in Stücke schneiden. Limetten heiß abwaschen, abtrocknen und in Stücke schneiden. Schalotten abziehen, zuerst in Scheiben schneiden, dann in feine Ringe teilen. Schalottenringe in einem gewässerten Römertopf verteilen.

2 Dill, Petersilie und Kerbel abspülen, tropfnass auf die Schalottenringe legen. Knoblauch- und Limettenstücke mischen und in die Bauchhöhlen der Forellen stecken. Die Forellen in die Kräuter legen. Weißwein hinzugießen. Den Römertopf mit dem Deckel verschließen und auf dem Rost in den kalten Backofen schieben.

Ober-/Unterhitze: etwa 200 °C
Heißluft: etwa 180 °C
Gas: Stufe 3–4
Garzeit: etwa 50 Minuten.

Rotbarbenfilets auf Fenchel-Oliven-Gemüse

(Römertopf 4-Liter-Inhalt)

4 große oder 8 kleine Rotbarbenfilets
Salz
frisch gemahlener Pfeffer
2 Fenchelknollen (etwa 600 g)
300 g Olivenscheiben, schwarz u. grün (Türkenladen)
4 EL Olivenöl
2 EL weiche Butter
4 EL Semmelbrösel
2 EL TK-Kräuter der Provence

2 kleine Orangen

Zubereitungszeit: etwa 35 Minuten
Garzeit: 30–35 Minuten

Pro Portion:
E: 46 g, F: 37 g, Kh: 16 g,
kJ: 2465, kcal: 589

1 Rotbarbenfilets unter fließendem kalten Wasser abspülen und trockentupfen, evtl. die Gräten mit einer Pinzette entfernen. Mit Salz und Pfeffer bestreuen.

2 Von den Fenchelknollen die Stiele dicht oberhalb der Knollen abschneiden. Braune Stellen und Blätter entfernen (Fenchelgrün beiseite legen). Die Wurzelenden gerade schneiden. Knollen waschen, abtropfen lassen, halbieren, zuerst in Scheiben, dann in sehr feine Streifen schneiden oder hobeln. Salz und Pfeffer darüber streuen, gut durchkneten.

3 Fenchelstreifen, Olivenscheiben und Olivenöl in einen gewässerten Römertopf geben. Rotbarbenfilets mit der Hautseite nach oben auf das Fenchel-Oliven-Gemüse legen Butter mit Semmelbröseln und Kräutern der Provence vermengen und auf den Rotbarbenfilets verteilen.

4 Den Römertopf mit dem Deckel verschließen und auf dem Rost in den kalten Backofen schieben.

Ober-/Unterhitze: etwa 200 °C
Heißluft: etwa 180 °C
Gas: Stufe 3–4
Garzeit: 30–35 Minuten.

5 Das beiseite gelegte Fenchelgrün fein hacken. Orangen schälen, dabei die weiße Haut entfernen. Fruchtfilets herausschneiden.

6 Nach etwa 25 Minuten Garzeit den Deckel vom Römertopf abnehmen und weitere 5–10 Minuten garen, damit die Semmelbrösel braun werden.

7 Rotbarbenfilets auf Fenchel-Oliven-Gemüse mit Fenchelgrün und Orangenfilets garniert servieren.

Muscheln in Tomatensud
(Römertopf 4-Liter-Inhalt)

2 kg Miesmuscheln
3 Frühlingszwiebeln
2 Knoblauchzehen
1 Stange Staudensellerie
1 dicke Möhre
4 reife Tomaten
½ Bund Thymian
300 ml Tomatensaft

Zubereitungszeit: etwa 35 Minuten
Garzeit: etwa 45 Minuten

Pro Portion:
E: 11 g, F: 2 g, Kh: 10 g,
kJ: 443, kcal: 106

1 Miesmuscheln in reichlich kaltem Wasser gründlich waschen, einzeln abbürsten, bis sie nicht mehr sandig sind (Muscheln, die sich beim Waschen öffnen, sind nicht genießbar).

2 Frühlingszwiebeln putzen, waschen, abtropfen lassen und in Ringe schneiden. Selleriegrün zum Garnieren beiseite legen. Knoblauch in der Schale zerdrücken. Selleriestange putzen, die harten Außenfäden abziehen. Selleriestange waschen, abtropfen lassen und in kleine Würfel schneiden. Möhre putzen, waschen, abtropfen lassen und ebenfalls in Würfel schneiden. Tomaten waschen, trockentupfen, vierteln, entkernen und die Stängelansätze herausschneiden. Thymian abspülen und trockentupfen.

3 Muscheln, Zwiebelringe, Knoblauch, Sellerie-, Möhrenwürfel und Tomatenviertel in einen gewässerten Römertopf geben. Thymian untermengen. Tomatensaft hinzugießen.

4 Den Römertopf mit dem Deckel verschließen und auf dem Rost in den kalten Backofen schieben.

Ober-/Unterhitze: etwa 200 °C
Heißluft: etwa 180 °C
Gas: Stufe 3–4
Garzeit: etwa 45 Minuten.

5 Alle Muscheln, die nicht aufgegangen sind, müssen aussortiert werden, da sie ungenießbar sind. Die Muscheln in tiefe Teller verteilen, jeweils etwas von dem Tomatensud darüber geben und mit klein geschnittenem Selleriegrün bestreut sofort servieren.

Beilage: *Frisches Ofenbaguette oder Knoblauchbrot.*

Lachsschnitte in Estragonsahne

(Römertopf 2,5-Liter-Inhalt)

4 Lachsschnitten mit Haut, geschuppt (je etwa 200 g)
Salz
frisch gemahlener Pfeffer
2 große Schalotten
1 Bund Estragon
100 ml trockener Weißwein
250 ml (¼ l) Schlagsahne

1–2 EL heller Saucenbinder

Zubereitungszeit: 15 Minuten
Garzeit: etwa 35 Minuten

Pro Portion:
E: 42 g, F: 47 g, Kh: 4 g, kJ: 2613, kcal: 624

1 Lachsschnitten unter fließendem kalten Wasser abspülen und trockentupfen. Mit Salz und Pfeffer bestreuen. Schalotten abziehen und in feine Würfel schneiden.

2 Estragon abspülen und trockentupfen. Die Blättchen von den Stängeln zupfen.

3 Estragonstängel, die Hälfte der Blättchen und die Schalottenwürfel in einen gewässerten Römertopf geben. Wein und Sahne hinzugießen. Lachsschnitten mit der Hautseite nach oben darauf legen.

4 Den Römertopf mit dem Deckel verschließen und auf dem Rost in den kalten Backofen schieben.

Ober-/Unterhitze: etwa 200 °C
Heißluft: etwa 180 °C
Gas: Stufe 3–4
Garzeit: etwa 35 Minuten.

5 Restliche Estragonblättchen fein schneiden. Den Fond in einen Topf gießen und die Sauce mit dem Saucenbinder zur gewünschten Konsistenz andicken. Estragon unterrühren. Die Lachsschnitten mit der Sauce servieren.

Beilage: *Glasierte Gurken und Schwenkkartoffeln.*

Tipp: *Sie können auch TK-Lachsfilets verwenden, dann Lachsfilets etwas antauen lassen.*

Mediterraner Fischtopf
(Römertopf 4-Liter-Inhalt)

1 Fenchelknolle (etwa 200 g)
4 Tomaten (etwa 200 g)
4 Schalotten (etwa 100 g)
4 Knoblauchzehen
1 dicke Möhre (etwa 100 g)
Salz
frisch gemahlener Pfeffer
1 Chilischote
1 Dose (0,2 g) Safranfäden
2 Zweige Thymian
2 Lorbeerblätter
2 Nelken
1 cl Pernod (Anislikör)
600 ml Fischfond (aus dem Glas)
12 TK-Garnelen ohne Kopf und Schale
400 g Herzmuscheln
400 g Seeteufelfilet
400 g Knurrhahnfilet
1 Topf Basilikum
2 EL Olivenöl

Zubereitungszeit: 55 Minuten, ohne Auftauzeit
Garzeit: 70–75 Minuten

Pro Portion:
E: 52 g, F: 9 g, Kh: 10 g, kJ: 1410, kcal: 336

Beilage: *Geröstetes Baguette und Knoblauchmayonnaise.*

1 Von der Fenchelknolle die Stiele dicht oberhalb der Knolle abschneiden. Braune Stellen und Blätter entfernen (Fenchelgrün beiseite legen). Die Knolle waschen, abtropfen lassen, zuerst in Scheiben, dann in feine Streifen schneiden.

2 Tomaten waschen, trockentupfen und die Stängelansätze entfernen. Tomaten vierteln, entkernen. Kerne und Fruchtfleisch beiseite legen. Schalotten und Knoblauch abziehen. Schalotten zuerst in Scheiben schneiden, dann in Ringe teilen. Knoblauch durch eine Knoblauchpresse drücken. Möhre putzen, schälen, waschen, abtropfen lassen und in kleine Würfel schneiden.

3 Fenchelstreifen, Tomatenkerne, Schalottenringe, Knoblauch und Möhrenwürfel in einen gewässerten Römertopf geben. Mit Salz und Pfeffer würzen. Chilischote abspülen, abtrocknen und etwas zerdrücken. Chilischote, Safran, Thymian, Lorbeerblätter und Nelken hinzufügen. Pernod und Fond hinzugießen.

4 Den Römertopf mit dem Deckel verschließen und auf dem Rost in den kalten Backofen schieben.

Ober-/Unterhitze: etwa 200 °C
Heißluft: etwa 180 °C
Gas: Stufe 3–4
Garzeit: 70–75 Minuten.

5 Garnelen auftauen lassen. Garnelen, Muscheln und Fischfilets unter fließendem kalten Wasser abspülen und trockentupfen. Fischfilets in jeweils 4 Portionen teilen.

6 Nach etwa 60 Minuten Garzeit die Garnelen, Muscheln und Fischfilets in den Römertopf geben und weitere 10–15 Minuten mit Deckel garen.

(Fortsetzung Seite 82)

7 Beiseite gelegtes Tomatenfruchtfleisch in Würfel schneiden. Basilikum abspülen und trockentupfen. Die Blättchen von den Stängeln zupfen. Blättchen in feine Streifen schneiden. Zuletzt Tomatenwürfel und Basilikumstreifen unter den Fischtopf rühren. Mit Olivenöl, Salz und Pfeffer abschmecken.

8 Den Fischtopf mit dem beiseite gelegten Fenchelgrün garniert servieren.

Mit Alkohol – Für Gäste

Zander mit Speck und Kraut

(Römertopf 2,5-Liter-Inhalt)

200 g Zwiebeln
1 kg Sauerkraut
100 ml trockener Weißwein, z. B. Riesling
125 ml (⅛ l) Gemüse- oder Fischfond
2 Nelken, 6 Wacholderbeeren
1 Lorbeerblatt
Salz, Zucker
100 g durchwachsener geräucherter Speck
4 Zanderfilets (je etwa 180 g)
Salz, frisch gemahlener Pfeffer
125 ml (⅛ l) Schlagsahne
1 Bund glatte Petersilie

Zubereitungszeit: 35 Minuten
Garzeit: etwa 90 Minuten

Pro Portion:
E: 44 g, F: 19 g, Kh: 6 g,
kJ: 1699, kcal: 406

Beilage: *In Butter geschwenkte Kartoffeln.*

1 Zwiebeln abziehen und in schmale Streifen schneiden. Sauerkraut und die Zwiebelstreifen in einen gewässerten Römertopf geben. Wein und Gemüse- oder Fischfond hinzugießen. Nelken, Wacholderbeeren, Lorbeerblatt, Salz und Zucker hinzufügen. Speck in Würfel schneiden und unterheben.

2 Den Römertopf mit dem Deckel verschließen und auf dem Rost in den kalten Backofen schieben.

Ober-/Unterhitze: etwa 200 °C
Heißluft: etwa 180 °C
Gas: Stufe 3–4
Garzeit: etwa 90 Minuten.

3 Zanderfilets unter fließendem kalten Wasser abspülen und trockentupfen. Mit Salz und Pfeffer bestreuen.

4 Nach etwa 70 Minuten Garzeit Sahne unter das Sauerkraut rühren. Zanderfilets darauf verteilen. Den Römertopf wieder mit dem Deckel verschließen und den Zander mit Speck und Kraut fertig garen.

5 Petersilie abspülen und trockentupfen. Die Blättchen von den Stängeln zupfen. Blättchen hacken. Zander mit Speck und Kraut mit Petersilie bestreut servieren.

Zimtstreusel-Pflaumen

(Römertopf 4-Liter-Inhalt)

1 Pck. Grundmischung Streuselteig
125 g weiche Butter
1 Ei (Größe M)
2 gestr. TL gemahlener Zimt

2 Gläser Pflaumenhälften (gezuckert, Abtropfgewicht je 385 g)
100 g Löffelbiskuits
1 Vanilleschote
1 Bio-Zitrone (unbehandelt, ungewachst)
50 g Zucker
2 cl brauner Rum

Zubereitungszeit: 25 Minuten
Garzeit, bzw. Backzeit: etwa 50 Minuten

Pro Portion:
E: 13 g, F: 31 g, Kh: 151 g, kJ: 4011, kcal: 952

1 Streusel aus der Grundmischung mit Butter und Ei nach Packungsanleitung zubereiten. Zimt unterarbeiten.

2 Pflaumenhälften in einem Sieb abtropfen lassen. Löffelbiskuits in einen Gefrierbeutel geben, Beutel fest verschließen. Löffelbiskuits mit einer Teigrolle zerbröseln. Vanilleschote längs halbieren und das Mark herauskratzen Zitrone heiß abwaschen, abtrocknen und mit einem Sparschäler oder Zestenreißer die gelbe Schale abschälen.

3 Pflaumenhälften, Biskuitbrösel, Vanilleschote und -mark, Zitronenschale, Zucker und Rum in einen gewässerten Römertopf geben. Die Zutaten gut vermengen. Zimtstreusel darauf verteilen.

4 Den Römertopf mit dem Deckel verschließen und auf dem Rost in den kalten Backofen schieben.

Ober-/Unterhitze: etwa 200 °C
Heißluft: etwa 180 °C
Gas: Stufe 3–4
Garzeit: etwa 50 Minuten.

5 Nach etwa 35 Minuten Garzeit den Deckel vom Römertopf abnehmen und die Zimtstreusel-Pflaumen weiter 15 Minuten backen.

Beilage: *Vanilleeis.*

Aprikosenreis
(Römertopf 2,5-Liter-Inhalt)

200 g Milchreis
1 l Vollmilch
1 Bio-Zitrone (unbehandelt, ungewachst)
1 gute Prise Salz
80 g Zucker
1 Vanilleschote
1 Dose Aprikosenhälften
(Abtropfgewicht 500 g)

Zubereitungszeit: 20 Minuten, ohne Einweichzeit
Garzeit: etwa 60 Minuten

Pro Portion:
E: 13 g, F: 9 g, Kh: 93 g, kJ: 2154, kcal: 514

1 Den Reis in ein feines Sieb geben und unter fließendem kalten Wasser abspülen. Anschließend in eine große Schüssel geben, mit reichlich kaltem Wasser übergießen und mindestens 2 Stunden einweichen lassen. Den eingeweichten Reis in einem Sieb abtropfen lassen.

2 Milch in einen gewässerten Römertopf geben. Zitrone gründlich waschen, abtrocknen und die Schale mit einem Sparschäler abschälen. Vanilleschote längs aufschneiden. Zitronenschale, Vanilleschote, Reis, Salz und Zucker in die Milch geben. Die Zutaten gut verrühren.

3 Den Römertopf mit dem Deckel verschließen und auf dem Rost in den kalten Backofen schieben.

Ober-/Unterhitze: etwa 200 °C
Heißluft: etwa 180 °C
Gas: Stufe 3–4
Garzeit: etwa 60 Minuten.

4 Den Römertopf nach etwa 45 Minuten Garzeit öffnen und den Reis umrühren. Den Reis mit Deckel weitere etwa 15 Minuten garen.

5 Aprikosenhälften in einem Sieb abtropfen lassen und vierteln. Nach etwa 60 Minuten Garzeit die Aprikosenviertel unter den Reis rühren. Den Backofen ausschalten und den Römertopf mit Deckel weitere etwa 10 Minuten darin stehen lassen. Vor dem Servieren Zitronenschale und Vanilleschote entfernen.

Tipp: *Den Aprikosenreis im Sommer gut gekühlt und im Winter warm servieren. Den Reis mit Pistazienkernen oder für Erwachsene mit in Peché Mignon (Pfirsichlikör) getränkten Amarettini servieren. Evtl. nach dem Garen etwas Aprikosensaft unter den Reis rühren.*

Apple-Crumble
(Römertopf 4-Liter-Inhalt)

1 kg Äpfel (z. B. Elstar oder Golden Delicious)
Saft von 1 Zitrone
3 Pck. Bourbon-Vanille-Zucker
1 gestr. TL gemahlener Zimt
60 g Rosinen
1 Pck. Streuselteig (400 g Grundmischung)
125 g weiche Butter
1 Ei (Größe M)

Zubereitungszeit: 70 Minuten
Backzeit: etwa 50 Minuten

Pro Portion:
E: 10 g, F: 29 g, Kh: 123 g, kJ: 3382, kcal: 803

1 Äpfel schälen, halbieren, entkernen und in Achtel schneiden. Apfelstücke mit Zitronensaft, Vanille-Zucker und Zimt mischen, in einen gewässerten Römertopf geben. Rosinen auf den Apfelstücken verteilen.

2 Den Streuselteig mit Butter und Ei nach Packungsanleitung zubereiten. Streusel gleichmäßig auf die Apfelstücke streuen.

3 Den Römertopf mit dem Deckel verschließen und auf dem Rost in den kalten Backofen schieben.

Ober-/Unterhitze: etwa 200 °C
Heißluft: etwa 180 °C
Gas: Stufe 3–4
Backzeit: etwa 50 Minuten.

4 Nach etwa 35 Minuten Backzeit den Deckel abnehmen und das Gericht fertig backen.

Tipp: *Apple-Crumble mit geschlagener Crème fraîche servieren.*

Cannelloni mit Mohnfüllung
(Römertopf 4-Liter-Inhalt)

Für die Füllung:
2 Dosen Mandarinen
(Abtropfgewicht je 175 g)
1 Pck. (250 g) Mohnback
20 g Hartweizengrieß
2 Eier (Größe M)
200 g Doppelrahm-Frischkäse
16–20 Cannelloni (etwa 200 g)
ohne Vorkochen

Für den Guss:
3 Eier (Größe M)
250 ml (¼ l) Milch
200 ml Schlagsahne
30 g Zucker
½ Pck. Finesse Geriebene Zitronenschale

Für die Sauce:
2 gestr. EL Speisestärke
500 ml (½ l) Orangensaft
100 g Orangenmarmelade
2–3 EL Zitronensaft
1–2 EL Zucker

Zubereitungszeit: 35 Minuten
Garzeit: etwa 65 Minuten

Pro Portion:
E: 30 g, F: 51 g, Kh: 127 g,
kJ: 4594, kcal: 1097

1 Für die Füllung Mandarinen in einem Sieb abtropfen lassen. Mohnback, Grieß, Eier und Frischkäse in eine Schüssel geben. Die Zutaten mit Handrührgerät mit Rührbesen zu einer geschmeidigen Masse verrühren. Mandarinen unterrühren.

2 Die Masse in einen Spritzbeutel (ohne Tülle) geben, in die Cannelloni spritzen und in einen gewässerten Römertopf geben.

3 Für den Guss Eier, Milch, Sahne, Zucker und Zitronenschale verrühren und über die Cannelloni gießen.

4 Den Römertopf mit dem Deckel verschließen und auf dem Rost in den kalten Backofen schieben.

Ober-/ Unterhitze: etwa 200 °C
Heißluft: etwa 180 °C
Gas: etwa Stufe 3
Garzeit: etwa 65 Minuten.

5 Für die Sauce Speisestärke mit 100 ml von dem Orangensaft anrühren. Restlichen Orangensaft mit Orangenmarmelade und Zitronensaft in einem Topf unter Rühren zum Kochen bringen. Angerührte Speisestärke unter Rühren in den von der Kochstelle genommenen Saft einrühren und unter Rühren aufkochen lassen. Mit Zucker abschmecken. Die Sauce heiß oder kalt zu den Cannelloni servieren.

Deckel auf, Zutaten hinein, Deckel zu – und ab mit dem RÖMERTOPF® in den Backofen. So einfach ist das. Fast. Ein paar Kleinigkeiten sollte man schon noch berücksichtigen, will man das irdene Geschirr richtig handhaben. Trotzdem sollte man sich vor der Erstbenutzung die Tipps des Herstellers durchlesen.

Garen im RÖMERTOPF®

Das Garen im RÖMERTOPF® hat eine lange Tradition – und das zu recht. In ihm können Speisen mit einem Minimum an Flüssigkeit oder ganz ohne gegart werden. Saft, Aroma, Geschmack, Nährstoffe und Vitamine der Speisen bleiben weitgehend erhalten. Der RÖMERTOPF® ermöglicht das Garen fast aller Gerichte ohne Fett. Lediglich bei trockenen Fleischsorten empfiehlt sich ein geringer Fettzusatz. Auch durch das Belegen des Fleisches mit Speckscheiben lässt sich ein Austrocknen des Fleisches verhindern. Der Speck kann nach der Garzeit entfernt werden. Der Bratensatz lässt sich gut mit einem Pinsel vom Topfrand lösen. Der poröse Ton ermöglicht einen völlig naturgemäßen Garvorgang. Das Wasser in den Tonporen schafft zudem bei der langsamen Erwärmung eine milde Dunstschicht, die sich sowohl im Inneren als auch außerhalb des Topfes verbreitet. Dadurch kann z. B. Braten eine Kruste bekommen, ohne auszutrocknen.

Vor dem ersten Gebrauch

Ein neuer RÖMERTOPF® sollte trocken ausgebürstet werden, damit sich der evtl. noch anhaftende Tonstaub löst. Anschließend den Topf für mindestens 30 Minuten in kaltes Wasser legen.

Handhabung und Pflege

- Vor jeder Benutzung müssen der Topf und besonders auch der Deckel gewässert werden. Gut ist es, den Topf für etwa 15 Minuten komplett in ein Becken mit Wasser zu geben.
- Der Original RÖMERTOPF® darf nur im Backofen verwendet werden. Nicht auf die heiße Herdplatte oder auf offenes Feuer setzen.
- Geben Sie niemals kalte Flüssigkeit während des Garens in den Topf, die Form kann sonst zerspringen. Umgekehrt sollte auch keine heiße oder gar kochende Flüssigkeit in den kalten Topf gegeben werden.

- Grundsätzlich müssen alle Speisen in der geschlossenen Form gegart werden. Nur zum Überbacken oder für das zusätzliche Überkrusten von Braten kann der Deckel 10–15 Minuten vor Garende abgenommen werden.
- Wenn sie erstmals mit den RÖMERTOPF® arbeiten, prüfen Sie zu Beginn, ob die Gerichte in der angebenen Zeit gar werden. Die Temperaturen und Aufheizzeiten variieren bei den unterschiedlichen Herden beträchtlich. Experimentieren Sie ruhig ein wenig und probieren Sie eigene Rezepte aus. Lassen Sie dabei die Gerichte lieber ein wenig zu lange im Backofen, es schadet ihnen nicht.
- Wenn Sie den heißen RÖMERTOPF® aus dem Backofen nehmen, denken Sie daran, dass der RÖMERTOPF® empfindlich gegen plötzliche Temperaturänderungen ist. Stellen Sie die Form deshalb entweder auf einen Kuchenrost, auf ein Holzbrett oder auf ein zusammengelegtes, trockenes Handtuch.
- Nach Gebrauch reinigen Sie den Topf mit heißem Wasser, etwas mildem Spülmittel und einer Bürste. Nach etwa 50-maliger Benutzung sollten Sie den RÖMERTOPF® in Essigwasser auskochen: RÖMERTOPF® mit Wasser füllen, einige Spritzer Weinessig hinzugeben. Den RÖMERTOPF® auf dem Rost in den kalten Backofen schieben und das Essigwasser etwa 30 Minuten bei Ober-/Unterhitze 220 °C darin ziehen lassen.
- Ein RÖMERTOPF® darf niemals an einem feuchten, muffigen Ort aufbewahrt werden. Am besten stellen Sie ihn – beide Hälften ineinander gestapelt – an einen luftigen Ort, an dem sich kein Küchendunst niederschlagen kann. Bei der Wahl des RÖMERTOPFES® ist zu berücksichtigen, dass die Größe den Gerichten angepasst sein soll, die man darin zubereiten will. Vor allem bei Fleisch ist dies nachteilig, weil ein kleines Stück Fleisch in einem zu großen Topf nicht genug im eigenen Saft schmoren kann und zu trocken wird. Suppen und Eintöpfe, Fleisch- und Gemüsegerichte können problemlos in ein und demselben RÖMERTOPF® zubereitet werden. Fischgerichte dagegen sollten in einer speziell dafür reservierten Form gegart werden, da der Fischgeschmack unweigerlich auf andere Speisen übergeht. Auch süße Speisen sollten in einem extra RÖMERTOPF® zubereitet werden.

Alphabetisches Register

uppen und Eintöpfe

lit Alkohol

eisch

sch

Geflügel

Gemüse/ Vegetarisch

Süßspeisen

Umwelthinweis Dieses Buch und der Einband wurden auf chlorfrei gebleichtem Papier gedruckt. Die Einschrumpffolie – zum Schutz vor Verschmutzung - ist aus umweltfreundlichem und recyclingfähigem PE-Material.

Wenn Sie Anregungen, Vorschläge oder Fragen zu unseren Büchern haben, rufen Sie uns unter folgender Nummer an 05 21 1 55-25 80 oder 52 06 50 oder schreiben Sie uns: Dr. Oetker Verlag KG, Am Bach 11, 33602 Bielefeld.

Redaktion Carola Reich, Annette Riesenberg

Titelfoto Thomas Diercks, Hamburg
Innenfotos Thomas Diercks, Hamburg (S. 9, 17, 21, 31, 37, 47, 53, 59, 65, 83)
Brigitte Wegner, Bielefeld (S. 27, 33, 39, 41, 43)
Hans-Joachim Schmidt, Hamburg (S. 5, 7, 11–15, 19, 23, 25, 29, 35, 45, 49, 51, 55, 61, 73–81, 85–89, 91)
Ulrich Kopp, Füssen (S. 57, 63, 69, 71)
Bernd Lippert, Bielefeld (S. 67)

Rezeptentwicklung und -beratung Rocco Dressel, Hamburg
Mechthild Plogmaker, Dr. Oetker Versuchsküche

Nährwertberechnungen Nutri Service, Hennef

Grafisches Konzept kontur:design, Bielefeld
Gestaltung kontur:design, Bielefeld
Titelgestaltung kontur:design, Bielefeld

Reproduktionen Fotolito Longo, Bozen, Italien
Satz Typografika, Bielefeld
Druck und Bindung MOHN Media • Mohndruck GmbH, Gütersloh

ISBN 3–7670–0736-3